내가 변화시킬 수 있는 것은
오직 나뿐

사소한 일상이 안겨주는 귀한 묵상의 시간들

# 내가 변화시킬 수 있는 것은
# 오직 나뿐

**최형구** 지음

바이북스†
ByBooks

최형구 목사님은 여러 얼굴을 가지신 분이십니다.

목사/변호사/교수… 그만큼 분주한 일상을 살고 계신 분이십니다.

그런 분이 일상의 에세이를 쓴다는 것은 쉬운 일이 아닙니다.

그것은 그 마음에 묵상의 여유가 없이 할 수 있는 일이 아닙니다.

그만큼 그런 묵상은 삶에 대한 관조를 요구하는 일이기 때문입니다.

최 목사님의 여러 이력은 그가 구도자의 삶을 살아오신 증거입니다.

처음 그분을 만났을 때부터 그가 끊임없이 무엇인가를 찾고 계시다고 느꼈습니다.

그는 법을 전공한 분답지 않게 온유하고 사색적인 분이셨습니다.

그리고 주변의 이웃들을 돌아보는 일에 세심한 배려심을 가지신 분이셨습니다.

그런 자상하고 부드러운 마음에 그는 묵상의 언어를 담고 살아오셨습니다.

오늘의 이 책은 그런 삶의 통찰이 빚어낸 결과물입니다.
내가 변화시킬 수 있는 것은 오직 나뿐이라고 고백합니다.
이런 고백은 그의 사색이 도달한 겸손한 자기 성찰의 열매입니다.
그래서 이 책을 접하는 많은 분들에게 조용한 감동을 선물할 것을 기대하게 됩니다.
부디 저자와 같은 고백에 도달하는 많은 이웃들이 생겨나면 좋겠습니다.

그리고 자신을 변화시키는 것도 결국 위에 계신 분의 은총임을 고백하게 되기를….

함께 삶의 길에 동반자가 된, 이동원 목사 지구촌교회 창립/원로목사

　어느 날 우연히 12세기경 무명의 영국 수도사가 쓴 시를 읽었습니다.

　노인이 되어서야 비로소, 자신이 변화시킬 수 있는 유일한 것은 자기 자신 뿐이라는 걸 알게 되었다는 내용의 시입니다.

　　젊었을 때,

　　나는 세상을 변화시키고 싶었다.

　　세상을 변화시키는 게 어렵다는 걸 알게 되자,

　　나는 나라를 변화시키려 했다.

　　나라를 변화시킬 수 없다는 걸 알게 되었을 때,

　　나는 우리 마을에 초점을 맞추기 시작했다.


　　나는 우리 마을도 변화시킬 수 없었다.

　　나이가 들면서,

나는 내 가족이라도 변화시키려고 노력했다.

이제 노인이 된 지금,

나는 내가 변화시킬 수 있는 유일한 것은

오직 나 자신뿐이라는 걸 알게 되었다.


그리고 오래 전에 내가 나 자신을 변화시켰더라면,

내 가족에게 어떤 영향을 줄 수 있었으리라는 걸 깨달았다.


그러면 내 가족과 내가 우리 마을에 영향을 미칠 수 있었고,

그것이 나라를 변화시킬 수 있었고,

진짜로 세상을 변화시킬 수도 있었을 텐데.


**꽤 많은 시간동안, 저는 누군가를 가르치려 했습니다.**

**사회와 세상을 변화시킬 수 있는 방법이라고 믿었기 때문입**

니다.

하지만, 나이가 더 들어가면서야 잘못 알았다는 것을 조금씩 깨닫습니다.

제가 진짜로 할 수 있는 일이란 누군가를 가르치거나 변화시키는 게 아니라, 제 자신을 고치고 달라지는 것뿐임을 알게 되었습니다.

해가 갈수록 그 무명의 수도사의 마음에 공감하게 됩니다.

제가 진작 변화했어야 할 것들을 회개하고 고칠 것을 다짐하며 생각한 것들을 정리해보았습니다.

많이 모자라는 저의 인격과 신앙의 고백이기도 합니다.

자신의 변화를 꿈꾸는 분들과 함께 제 생각을 나누기 위해 책으로 출판합니다.

여전히 부족하기 짝이 없는 저를 그래도 늘 감싸주시는 하나님 아버지께, 변화많은 제 삶과 그 이후의 어려움들을 기쁨으로

받아들이고 함께 감내해준 아내에게, 그리고 유치한 글들을 출판하도록 용기주신 함께공동체의 김요한 목사님께, 또한 귀중한 추천사를 써주신 이동원 목사님께 감사드립니다.

2019. 5.

# 내 걸음과 나란한
# 주님의 발자국

# 귀이개

집에 있는 물건 중에서 우리 부부가 가장 아끼며 수시로 찾아 사용하는 것이 있습니다.

대나무로 만든, 매우 값싼 귀이개입니다.

결혼 초에 기억도 나지 않는 어느 시장 통에서 아무렇게나 구입한 것인데, 이게 다른 귀이개와는 비교도 되지 않습니다. 그걸로 귀를 후비면 얼마나 시원한지 모릅니다. 특별히 귀지를 꺼내려는 것도 아니고 귓속 깊이 후비려는 것도 아니지만, 그것으로 귀 안쪽을 살짝만 긁어주면 마음까지 시원해지는 것 같습니다. 지난 20년간을 우리와 함께 해오면서, 이것은 어느덧 우리 부부에게 매일 큰 즐거움을 주는 물건이 되었습니다.

그런데 어느 날, 이 귀이개가 갑자기 없어졌습니다.

값싼 이 귀이개 하나가 없어진 것 때문에, 얼마나 답답했는지 모릅니다. 우리 부부는 하루에도 몇 번씩, 그것을 그리워하고 아쉬워했습니다.

며칠 지나서, 어느 약통 속에 들어있던 다른 귀이개를 발견했습니다.

금속으로 만든 건데, 잃어버린 대나무 귀이개보다는 훨씬 정교하게 만들어진 것입니다. 하지만, 이 귀이개로 귀를 후비니까, 시원한 느낌이 전혀 없습니다. 안전하게 하기 위해서 그랬는지 모든 끝 부분을 잘 갈아내서, 귀 속을 긁어낼 때 솜방망이처럼 부드럽기만 할 뿐입니다. 아쉬움을 달래고 싶을 때 가끔 이 귀이개를 사용하기는 했지만, 사실, 후련한 느낌은 전혀 들지 않았습니다.

그러다가 한 달쯤 지났을까요. 소파 옆에 놓여 있던 공기청정기를 옮기다가, 잃어버린 대나무 귀이개를 바로 그 밑에서 발견했습니다.

　　　　　　　내가 변화시킬 수 있는 것은 오직 나뿐

아내도 얼마나 좋아하는지 모릅니다. 마치 잃어버린 자식을 되찾은 사람처럼 이 귀이개를 반가워했습니다.

귀이개를 깔고 있던 이 공기청정기는 몇 년 전에 구입한 것입니다. 새 집 공기를 정화시키는데 꼭 필요하다는 누군가의 말에 솔깃해서 상당히 비싼 금액을 주고 구입했습니다. 그게 정말 공기를 정화시켰는지는 의심스럽지만, 그걸 사고 나서 두어 달 후부터는 거의 사용하지 않게 되었습니다. 이 공기청정기는 벌써 몇 년 동안이나 거실에 놓아두고 있으면서도 사용하지 않는 애물단지가 되어 버렸습니다. 그런데 그 애물단지가, 괘씸하게도 지난 한 달간 우리 부부의 사랑스런 귀이개를 깔고 있었습니다.

값비싸지만 가장 무용한 물건이, 값싸지만 가장 유용한 물건을 완전히 가리고 있었던 겁니다.


이렇게 대비되는 두 물건이 만들어낸 이 사건을 통해, 많은 생각이 들었습니다.

나는 이 사회에서 이웃들에게 어떤 사람일까.

그들이 나를 사용하고자 할 때 아무 때나 쉽게 사용할 수 있는 위치에 나를 늘 제공해 두고 있었던가.

나를 사용하면 마음까지 후련해지는 그런 사람이었던가.

내가 없어지면 그들이 아쉬워하고 그리워하는, 그런 존재일까.

나를 다시 찾을 때, 잃어버린 자식을 찾아낸 것처럼 그렇게 반가워하는 사람일까.

아니면, 공기청정기처럼, 나의 가치를 높이 매겨놓고, 나를 사용하는 것이 쉽지 않게 만들어놓고 있지는 않았던가.

나를 사용하는 사람들이, 나의 효용가치가 정말 있는지를 의심하는 그런 사람이 아니었을까.

처음에는 잘 사용했지만 그다음부터는 별로 사용할 일이 없는, 그런 존재는 아니었을까.

정작 그들에게 절실하게 필요한 다른 사람을 가리고 있지는 않았던가.


또, 하나님께는 내가 어떤 존재였던가 하는 생각도 해보았습니다.

지난 수십 년간, 하나님은 나 때문에 자주 기뻐하셨을까.

모습은 그럴 듯하지만 즐거움은 전혀 드리지 못하는 그런 사람은 아니었던가.

내가 변화시킬 수 있는 것은 오직 나뿐

내가 없어지면 그들이 아쉬워하고 그리워하는, 그런 존재일까.
나를 다시 찾을 때, 잃어버린 자식을 찾아낸 것처럼
그렇게 반가워하는 사람일까.

하나님이 나를 애써 만드셨는데도, 나는 별 쓸모도 없이 세월만 보내면서 살아오지는 않았던가.

이제부터라도, 값싼 대나무 귀이개처럼 꼭 필요한 사람이 되어야겠다고 생각했습니다.

이웃과 하나님께 매일 즐거움과 후련함을 나누어 주는 사람 말입니다.

# 비처럼 내리는 것

어린 시절, 우리 집 지붕에는 검은 기름종이를 덮었습니다.

그 당시, 기와를 올리지 못하는 가난한 집들은 대부분 "루핑"이라고 부르는 검은 기름종이를 지붕에 덮었습니다. 그리고, 루핑이 바람에 날아가지 않도록 못을 박거나 시멘트 벽돌 같은 것으로 군데군데 눌러놓았습니다. 루핑은 잘 찢어지기 때문에, 비가 조금 많이 오기만 하면 찢어진 루핑 사이로 비가 새었습니다. 그럴 때마다 아버지는 지붕에 올라가 기름종이 남은 쪼가리를 군데군데 덧붙이셨습니다.

빗물이 새는 방안에서는 대야, 요강이나 양동이를 동원했습니다. 천정에서 빗물 새는 곳이 늘어나면, 깡통, 양재기, 주전자, 바가지, 심지어 밥그릇까지 갖다 놓아야 했습니다. 용기마다 재질과 크기가 다르기 때문에, 그 떨어지는 리듬과 가락도 제각각이었습니다.

빗방울 떨어지는 소리에 맞춰 젓가락으로 깡통들과 용기들을 함께 두들기는 재미도 또한 쏠쏠했습니다.

어릴 때 비오는 날엔, 이런 "음악"이 있었습니다.


비가 내리면, 저는 마루에 앉아서 비를 구경했습니다.

처마 밑 마루에 앉아, 하늘에서 쏟아지는 빗줄기를 한참 올려다보고 있으면, 비가 하늘에서 떨어지는 게 아니라, 집이 하늘로 올라가는 느낌이 들었습니다. 수없는 빗방울이 땅에 떨어지는 것을 보고 있으면, 빗방울을 계속 맞은 땅이 여러 가지 모양으로 패여 갔습니다. 패인 모양이 연결되면서 조그만 골이 생기고, 그 골을 따라 물의 흐름이 생기고, 그 흐름들이 서로 만나기도 하고 다시 헤어지기도 했습니다. 그걸 한참동안 들여다보면서, 그게 세상의 축소판이라고 상상하기도 했습니다.


파란 종이우산을 쓰고 마당에 나가 꽃밭에 쪼그려 앉으면, 달

내가 변화시킬 수 있는 것은 오직 나뿐

팽이들이 기어 나와 풀잎을 따라 산책하는 것을 볼 수 있었습니다. 작은 홍수를 맞은 개미들이 집을 찾아가느라고 우왕좌왕하는 꼴도 보고, 비 맞은 꽃잎 사이사이에 맑은 물방울들이 맺혀 반짝이는 것도 보았습니다. 우산을 타고 흘러내린 굵은 물방울들이 어떤 꽃잎들을 꽝 때리는 것도 보고, 그 바람에 땅에 떨어진 달팽이가 놀라서 온몸을 껍질 속에 숨기고 죽은 듯 가만히 있는 것도 보았습니다.

어릴 때 비오는 날엔, 이렇게 자연 속으로 빨려 들어가는 황홀함이 있었습니다.


세월이 흘러 우리 집이 아파트로 이사하고, 제가 결혼을 하고, 나이를 들어가면서, 비는 제 삶에서 점점 멀어져 갔습니다.

제게는 더 이상 대야와 깡통에 떨어지는 빗소리의 음악도 들을 수 없었고, 비 내리는 마당에 쪼그려 앉아 바라보는 황홀함도 느낄 수 없었습니다.

그뿐 아니라, 비가 온다는 것이 오히려 제 생활에 불편을 주기 시작했습니다.

비가 오면 자동차가 금방 더러워지고, 교통 체증이 심해지고,

비를 맞아 옷이나 몸이 젖는 게 불편하게 느껴졌습니다.

그래서 한동안, 비는 제게서 멀어져갔을 뿐 아니라 불편하고 싫은 것이 되어 버렸습니다.


몇 해 전 여름, 유난히 비가 자주 내렸습니다.

그 여름날, 창문을 열고 빗소리를 들으며 창 안으로 살짝 튀어 오르는 빗방울도 느껴보았습니다. 오랜만에 제 마음속에 되돌아온 빗소리의 음악을 듣고, 빗소리의 편안함을 느낄 수 있었습니다. 어릴 때 친근했던 비가 제게로 되돌아와준 것 같은 생각이 들었습니다. 빗소리가 더 잘 들리도록 창문을 활짝 열어놓고, 법률이나 신학과는 아무런 관련이 없는 책을 몇 권 골라 읽었습니다.

얼마나 평안한 시간인지요. 제게는 중요한 안식이었고, 질식하고 있던 제 영혼이 숨 쉬는 것 같은 시간이었습니다.


그 시간에, 누구에게나 차별 없이 떨어지는 비처럼 제게도 차별 없이 내려주신, 하나님의 은혜를 떠올렸습니다.

저만을 향한 하나님의 사랑을 실감하기 시작했을 때로 돌아간 느낌이었습니다. 순진한 믿음을 가졌을 때가 생각났습니다.

하지만, 많은 시간 동안 다양한 사람들과 관계를 맺고 그들과 섞여 살아가는 이 세상을 거치면서, 하나님의 은혜에 대한 감동이 제 마음 속에서 점점 식어가기도 했습니다. 어느 덧, 하나님의 은혜나 하나님과의 교제가 삶의 걸림돌이 되어, 그것이 불편하고 싫은 것으로 느껴질 때가 있었던 겁니다.

그날 하루, 하나님이 내려주시는 은혜의 비를 흠뻑 맞았던 때로 되돌아갈 수 있었습니다.

비처럼 내려주시는 하나님의 은혜에 대한 감동을 되살리고, 그 하나님의 은혜가 우리의 영혼 속에서 들려주시는 음악을 들으면서, 그 은혜 속에서 느끼는 오묘한 평안 속에 살아가는 그런 하루가 매일 계속되기를 기도했습니다.

# 묵상 드라이브 길

꽤 오래 전 이야기입니다.

분당 집에서 양재동 사무실까지의 출퇴근길은 자동차로 드라이브하기에 참 좋은 길이었습니다.

도로 양 옆에는 나무가 많아서 계절이 어떻게 변하는지를 매일 실감할 수 있었습니다.

나뭇가지에 새싹이 돋고, 그 잎이 자라 점점 더 진한 녹색으로 변하고, 그것들이 끝내 알록달록한 색으로 변하고, 그 잎들이 모두 떨어지고, 앙상한 나뭇가지들이 하얀 눈을 뒤집어쓰는, 여러 가지의 모습들을 매일 발견하는 재미가 참 쏠쏠했습니다. 때로는 라디오를 들으며, 때로는 창문을 열고 심호흡을 하며 운전하는 그 길의 분위기가 너무나 좋았습니다.

그 길을 드라이브하는 시간에 무언가 좀 더 좋은 것을 할 방법이 없을까 생각하다가, 그 시간에 기도를 하기로 마음먹었습니다. 누구로부터도 권유받은 적 없는 저만의 방식으로 기도하기 시작했습니다. 물론 눈을 번쩍 떠야 했고요, 그저 주님을 조수석에 태우고 이야기하는 것 같은, 몹시 가벼운 기도였습니다.

아내와 싸우고 출근하는 길에는 아내 험담을 하면서 주님과 이야기를 나누었습니다.

"그렇잖아요? 이번엔 분명히 아내가 잘못한 거 아닌가요?"

주님은 조수석에 앉은 채 늘 말없이 제 이야기를 듣고만 계셨습니다.

사무실에서 기분 좋은 일이 있어도 기도했습니다.

"저 오늘 너무 기분 좋아요. 주님이 만들어주신 일이잖아요."

팔꿈치로 주님을 툭 쳐도, 주님은 미소 지으며 가만히 제 이야기를 듣고만 계셨습니다.

출퇴근할 때마다 조수석에 앉은 주님과 이야기하는 제 기도 시간은 그렇게 계속되었습니다.

그러던 어느 날 퇴근길이었습니다.

지금까지 제가 아내를 바라보는 방향으로만 바라보던
아내의 마음을, 아내의 방향에서 바라보는 것이
이렇게 가능한 일인 줄 몰랐습니다.

집에 도착할 때마다 나를 반기는 아내를 생각하면서 평상시 같이 운전 중에 가벼운 기도를 하고 있었습니다.

그런데, 그 기도 속에서 제 생각이 멋대로 변했습니다. 아내가 저와 결혼한 후 부모님과의 관계에서 힘들어 했던 일들이 떠올랐습니다. 제가 아내를 힘들게 했던 여러 가지 일들도 몇 개 떠올랐습니다.

그리고 그 일들을 아내의 입장에서 어떻게 받아들였을지가 떠오르기 시작했습니다. 마치 아내의 마음속에 제가 들어간 것처럼, 그 일을 겪는 순간에 아팠을 아내의 마음이 제게 그대로 느껴지는 겁니다. 너무 마음이 아파서 눈물이 나기 시작하더니, 급기야 운전을 하면서 엉엉 울기까지 했습니다.

지금까지 제가 아내를 바라보는 방향으로만 바라보던 아내의 마음을, 아내의 방향에서 바라보는 것이 이렇게 가능한 일인 줄 몰랐습니다. 그리고 그게 얼마나 마음 아픈 사건들인지도 잘 몰랐습니다.

집에 아무 일없이 도착하긴 했는데, 제가 그렇게 울면서 어떻게 그 많은 신호등과 교차로를 통과하여 운전했는지 모르겠습니다.

그날 이후에도, 그 길을 운전하면서 그렇게 기도하던 가운데 그와 비슷한 일이 더 있었습니다.

아내뿐 아니라, 주위 사람들이 겪었을 아픔들을 생생하게 경험하는 참 귀한 사건이었습니다. 그 기도 덕분에, 아내를 포함하여 제 주위 사람들을 조금 더 이해할 수 있는 폭이 생겼습니다.

그 드라이브 길을 달리는 시간동안 조수석에 앉아 말없이 제 기도를 들으신 주님께서 제게 주신 선물이라고 생각합니다.

분당 집에서 양재동 사무실까지의 그 출퇴근길을, 제멋대로 "묵상 드라이브 길"이라고 명명했습니다.

지금도 그 길을 달릴 때마다 가슴이 뭉클해집니다.

내가 변화시킬 수 있는 것은 오직 나뿐

# 녹내장

종합검진을 했는데, 병원에서 안과 정밀검사를 하라고 합니다.

정밀검사를 마치고 의사를 만났더니, 제게 녹내장이 진행되고 있다고 합니다.

백내장은 들은 적 있어도 녹내장은 처음 듣는 소립니다.

눈알이 초록색으로 변한 느낌은 전혀 없었거든요.

의사는 모니터를 돌려 제 눈의 망막 사진을 보여주면서 안구 사분의 일 정도를 덮고 있는 시커먼 그림자를 가리켰습니다.

시신경이 죽어가고 있답니다. 시신경은 다시 회복될 방법이 없답니다. 녹내장은 그런 병이랍니다. 의사는, 녹내장이란 게 원인도 모르고 치료법도 없는 모르는 불치병이라고 덧붙였습니다. 현대 의학으로는 시신경이 죽는 이유가 안압 때문이라고 추측할 뿐이랍니다. 그래서 대처할 수 있는 유일한 방법은 안압을 낮추는 안약을 사용하는 것이라고 합니다.

병원 문을 나서면서, 의사가 선택한 "불치병"이라는 단어가 제 마음을 무겁게 했습니다.

집에 와서 검색을 해봤더니, 녹내장이 심해져 시력이 약해지거나 아예 시력을 완전히 잃어버린 사람들의 이야기가 많습니다. 낙심을 해야 하는지, 아무렇지 않게 마음먹어야 하는지조차도 모르겠습니다. 며칠이 더 지나면서, 두려움이 조금씩 더 다가왔습니다. 나의 녹내장이 어떻게 발전할지 아무도 예측할 수 없기에, 언젠가는 시력을 완전히 잃어버릴 가능성도 충분히 있다는 걸 받아들여야 했습니다.

시력을 잃게 되면 어떤 일이 일어날지 상상해 보았습니다.

교수든 목사든 모두 시력이 꽤나 필요한 직업이라서, 제가 할 수 있는 일이 아무것도 없게 됩니다. 그저 허우적거리며 누군가의 도움을 의지하는 모습만 떠올랐습니다.

기도했습니다.

내가 변화시킬 수 있는 것은 오직 나뿐

하나님, 어쩌시려고 제게 녹내장을 주십니까.

기도하면서, 그동안 책을 읽고 지식을 쌓으며 교만한 마음만 키워갔던 제 삶을 조금씩 뉘우쳤습니다.

더 많은 성경지식을 알기 보다는, 눈을 감고 더 많은 기도를 하라는 말씀으로 다가왔습니다. 이제는 글과 논리의 세상에서 벗어나서, 제게 주어진 제한된 시간동안 자연의 아름다움을 더 감상하고 주위 사람들에게 더 관심 가지라는 말씀으로 다가왔습니다.

녹내장에 걸리게 된 것은, 중년 들어 제 삶의 방향이 꽤 많이 변화하게 된 원인 중 하나가 되었습니다.

그리고 저의 감사기도 제목 중 하나가 되었습니다.

# 검소한 소비

해외여행 중에 면세점에서 명품 M 브랜드 볼펜을 하나 구입했습니다. 그 브랜드 제품 하나쯤은 늘 가지고 싶었던 게 솔직한 마음이었습니다. 경유지에서 비행기를 기다리는 한가한 시간에 흔들흔들 면세점을 돌아다니다가, 그 놈이 제 눈에 딱 들어왔습니다. 평소 제가 사용하던 그 어떤 볼펜보다도 훨씬 비쌌습니다.

살짝 망설이다가 그 순간 생각해 보았습니다.

이제 이 나이에 이 정도 볼펜 하나쯤은 가질 만하지 않은가, 평소에 명품을 소유한 적 없는 나 자신에게 그 정도쯤의 선물은 해 줄만 하지 않을까 싶었습니다.

사람들 앞에서 중요 문서에 서명하기 위하여 양복 안주머니에서 이 볼펜을 꺼내는 멋진 장면도 상상해 보았습니다.

이런 여러 가지의 생각 끝에, 결국 그 볼펜을 사고 말았습니다. 색깔과 감촉이 참 마음에 들었습니다. 귀국해서도 몇 차례 사용할 때마다 참 잘 샀다는 뿌듯함이 마음에 남아 있었습니다. 하지만 실제로는 생각보다 그렇게 요긴하게 자주 사용하지는 않는 물건이었습니다.

몇 달 후, 그 볼펜을 잃어버렸습니다.

내 책상 주위에도, 집안 어디에도, 옷 속에도, 연구실에도 없었습니다. 혹시 나중에 찾아질까 하여 몇 주를 더 지내봤지만, 그 볼펜은 끝내 나타나지 않았습니다. 그 볼펜을 구입하기 위해 쓴 돈이 아깝다 못해 마음까지 아플 지경이었습니다. 그 돈이면 제가 참으로 요긴하게 사용하는 볼펜을 몇 박스 사두고 쓸수도 있었을 텐데 말입니다. 돈도 아까웠지만, 그다지 필요 없는 물건 때문에 사치까지 부렸던 제 마음에 대해 자책감이 들었습니다. 그러면서, 소비에 있어 검소해지는 것의 한계가 어디일까 생각해보았습니다.

검소하게 살아야겠다고 다짐하지만, 어떤 것이 검소한 것인지 종종 혼란스러울 때가 많습니다.

모든 종류의 소비에 대해 일률적으로 검소하다, 사치스럽다고 판단할 수 없습니다. 생각해보면, 사람마다 검소한 것의 정도가 다를 수밖에 없을 겁니다.

제게는 사치스러운 것이, 누군가에게는 그다지 사치스럽지 않은 것일 수도 있기 때문입니다. 똑같은 40평대 아파트라도, 일하여 번 돈도 없는 젊은이가 혼자 지내기 위하여 구입한 경우에는 사치겠지만, 수입이 충분한 가족이 살기 위해 구입한 경우에는 사치가 아닐 수 있듯이 말입니다.


그래서 생각했습니다.

내게 있어서 검소한 물건, 검소한 소비의 기준은 무엇이 되어야 할까.

결국 결론에 도달했습니다.

"잃어버렸을 때 얼마나 아까워하게 될까?"

그것이 저의 검소함의 기준이라고 생각합니다.

사람마다 그의 경제적 수준이나 상황에 따라 달라질 수밖에 없습니다.

면세점에서 구입한 볼펜을 잃어버렸을 때 그토록 아까웠던 걸 보면, 그 볼펜은 분명히 제가 지켜야 할 검소함의 한계를 넘은 물건이었습니다.

제 손목시계도, 옷도, 그 기준으로 점점 바꾸었습니다.

언제 잃어버려도 그렇게까지 안타깝지 않을 정도의 물건. 그런 물건을 사용하면 적어도 사치스럽게 살 것 같지는 않습니다.

앞으로 무엇인가를 구입하려 할 때, 저는 이 기준을 꼭 지켜가리라고 마음먹었습니다.


"너무 가난해지지도, 부자가 되지도 않도록 해주십시오(잠언 30:8)"라고 기도했던 잠언 저자의 마음이 어떤 것이었는지, 오래 생각해봅니다.

# 떠나는 연습

변호사를 하다가 집어치우고 신학공부를 한다면서 미국으로 유학을 떠난 적이 있습니다.

인생을 바꾼다든지 가진 것을 다 내려놓는다든지 그런 비장한 결심도 아니고, 그런 목적도 없었습니다. 그냥, 젊을 때부터 늘 저와 맞지 않았던 일을 잠시 중단한다 생각했습니다. 사람 일이란 게, 그러다 또 돌아올지도 모르기 때문이었지요.

목사가 되겠다는 계획도 없었습니다. 그냥 성경말씀을 잘 알고, 주위에 있는 사람들을 올바른 신앙으로 인도해 줄 수 있으면 좋겠다는 작은 소망만 있었습니다.

그렇게 떠나 하나님께서 인도하시는 길을 따라 가다보니, 그

내가 변화시킬 수 있는 것은 오직 나뿐

저처럼 약한 사람은 아브람 같은 결단과 실행을
도저히 따라할 수 없을 거라고 생각했습니다.
하지만, 하나님이 이끄시면 그게 가능한가 봅니다.

때 뭔가로부터 진짜 떠났었나봅니다. 제 의도는 분명 아니었는데요. 어느덧 생업이던 변호사업도 완전히 접은 지 벌써 10여 년을 훌쩍 넘겼습니다.

꽤나 오랜 기간에 걸쳐, 많은 것으로부터 떠나왔습니다.

어릴 때부터 복용해서 마약처럼 중독되었던 생각들과, 경쟁에서 이겨야 한다는 강박관념으로부터도 떠났습니다.

돈을 더 벌고 또 더 벌어야 하는 노예의 굴레로부터도 꽤 멀리 떠났습니다.

아들의 성공을 위한다는 미명 아래 아들을 지배하려 하던 아버지로서의 집착도 떠난 지 오래 되었습니다.

사람들 사이에서 뭔가 잘나 보이고 싶은 열정으로부터도 많이 떠난 것 같습니다. 이제는 무엇인가로부터 떠난다는 것에 조금 자신감이 생겼습니다.

"사랑해온 것들"을 떠나는 것은 언제든 필요하다는 생각까지도 듭니다.

결코 제가 의도한 것이 아니었습니다.

내가 변화시킬 수 있는 것은 오직 나뿐

저는 애당초 그런 결단을 내릴 용기가 별로 없는 사람이기 때문입니다.

오히려 때로는 그걸 붙잡고 싶어 하며 아쉬워했습니다.

하지만, 이제 와서 보니 하나님께서 결국 저를 그런 것들로부터 떠나게 하셨다는 생각이 듭니다.

그리고 그것이 제게 주어진 가장 큰 축복이라고 믿습니다.


하나님께서 아브람에게 하신 말씀이 기억납니다.


"너는 너의 고향의 친척과 아버지의 집을 떠나 내가 네게 보여줄 땅으로 가라"

_ 창세기 12:1


이 말씀을 듣고 떠나가기로 결단하고 실제로 그것을 실행한 아브람의 믿음과 지혜와 용기가 늘 부러웠습니다.

저처럼 약한 사람은 아브람 같은 결단과 실행을 도저히 따라 할 수 없을 거라고 생각했습니다.

하지만, 하나님이 이끄시면 그게 가능한가 봅니다.

저 같은 사람도 얼마간의 떠남을 해낼 수 있었던 걸 보면.

내가 변화시킬 수 있는 것은 오직 나뿐

# 겨울 나그네

여기저기 나뭇가지에 난풍든 잎이 남아 있다.

나무 앞에 발걸음을 멈추고 잠시 생각에 잠겼다.

나는 희망을 걸고 잎사귀 하나를 지켜본다.

바람이 찾아와 그 잎과 노닐면 나는 사시나무 떨 듯 온몸을
떤다.

아, 그 잎이 땅 위에 낙엽지면 내 희망도 따라 떨어진다.

나 또한 대지에 몸을 던져 희망의 무덤에서 운다.


슈베르트의 연가곡 〈겨울 나그네〉 중 〈Letzte Hoffnung <sup>마지
막 희망</sup>〉이라는 곡의 가사입니다. 이 곡의 가사는 "음울한 겨울

날 실연한 청년이 떠나는 방황의 길"을 가슴 미어지도록 묘사합니다.

이 곡을 듣다보면 오 헨리의 단편 소설 〈마지막 잎새〉 속의 겨울날이 떠오릅니다. 차가운 진눈깨비와 북풍이 휘몰아쳐 창밖의 담쟁이 덩굴잎이 하나씩 떨어져가고 있는 겨울날, 마지막 잎새의 주인공은 죽어갈 마음의 준비를 합니다.

낙엽을 매개로 "절망 속 영혼의 여행"을 이야기하는 점에서, 〈겨울 나그네〉와 〈마지막 잎새〉는 참 비슷한 주제를 가지고 있습니다.

오늘 갑자기, 제 삶은 이미 겨울 여행, 이 겨울의 나그네 길에서 마지막 잎새를 바라본다는 생각이 들었습니다.

낙엽이 떨어질 때 희망도 떨어지고, 희망이 파묻힌 무덤 앞에서 통곡하는 겨울 나그네가, 바로 오늘의 제 모습입니다.

돈을 더 벌고, 집과 몸을 치장하고, 지위를 높여가고, 자식 잘 되게 하기 위해, 내 건강을 위해 온갖 노력을 다하느라고 시간에 쫓기며 살아가고 있었지만, 그것들은 모두 곧 땅 위에 지는 낙엽일 뿐이었습니다.

내가 변화시킬 수 있는 것은 오직 나뿐

그래서 저는 돌아갈 곳 없이 방황하는 겨울날의 여행자입니다.

이제 가족에 지치고, 직장에 지치고, 사람들과 뉴스에 지치고, 불합리한 사회 구조와 제도에 지치고, 삶의 다양함에 지치고, 지친 육체에 힘을 불어넣으려는 모든 시도에마저 지쳐버린, 제게 더욱 그렇습니다.

괜찮은 척, 문제없는 척, 잘 해 나가고 있는 척 남들과 자신을 속이려 해도, 시시때때로 참을 수 없도록 마음속에 밀려오는 처절한 고독과 슬픔을 가누기 힘든, 그런 나이가 되고 말았습니다.

그 누구도 대신해줄 수 없는 내 인생 속에서,

나의 궁극적인 희망은, 나만의 이 고독한 여행길의 목적지는, 그리고 내 영혼의 마지막 종착지는 도대체 어디에 있을까요.

나는 어떤 잎새에 마지막 희망을 걸어야 할까요.

이 추운 겨울밤, 창밖의 마지막 잎새를 그리느라고 주인공 대신 죽어간 화가 벤의 죽음은 도대체 저의 여행길 속 어디에 존재하는 걸까요.

저로 하여금 겨울 여행길을 끝내고 병석에서 일어나게 할, 그

봄날은 어디에서부터 오는 걸까요.


　우중충한 날에, 이런 생각을 하면서 더욱 우울한 시간을 보냅니다.
　살다보면 이런 날도 있는 거겠죠.
　하나님, 저를 도와주세요.

내가 변화시킬 수 있는 것은 오직 나뿐

# 고향

초등학교 친구 중 하나가 한 말이 잊히지 않습니다.

"동창들 모임이 바로 내 고향이야."

생각해볼수록 공감이 가는 말입니다.

우리들의 어린 시절이 과거의 고향이라면, 요즈음 아무런 계산도 없이 만날 수 있는 순수한 모임이 또한 현재의 고향입니다. 그리고 우리가 늙어서 어느 동창의 시골집에 모여 주고받게될 초연한 만남이 또한 미래의 고향입니다. 이것이 몽땅 합쳐져서 우리의 고향을 이룹니다.

어린 시절, 친구의 집근처 골목에서 해질 녘까지 다방구를 하고 나서, 그의 어머니가 해주신 저녁밥을 맛있게 먹던 일이 또렷이 기억납니다. 휴일에 친한 친구와 함께 학교 교실에 몰래 들어가서 여자애들 책상 속을 뒤지다가 재미있는 메모를 발견하고 상상력을 발휘하며 낄낄거리던 날도 있었습니다. 지각하던 등굣길 도중에서 같은 학년 여자애를 만나 급한 걸음을 아예 포기하고 수줍은 이야기를 나누던 날도 잊을 수 없습니다. 친구들 몇 명이서 매봉산과 금호동 일대를 온종일 싸돌아다닌 것으로 인해 이튿날 "무전여행"을 했다는 죄목을 쓰고 담임선생님께 손바닥 발바닥을 맞던 날, 토요일 오후 친구 녀석들과 함께 학교 옆 방풍벽 뒤로 돌아가서 온 세상을 내려다보며 일제히 오줌을 갈기던 날, 이 모든 날들을 기억합니다.

과거의 고향 같은 날, 그날들이 얼마나 아름다운 날이었던지요.


영화를 보듯 시간을 훌쩍 건너뛰어서, 갑자기 중씰한 아줌마가 되어 그윽한 국화향을 머금은 모습으로 나타난 동창 여자애들을 만나보게 되던 날도 있습니다. 머리가 홀떡 벗겨졌지만 어릴 때의 짓궂은 얼굴을 그대로 간직한 녀석을 십여 년 만에 발견한 날도 있습니다. 동창들을 만나 지나온 인생을 이야기하다가 그들이 삶 속에서 겪어온 아픔을 발견하고 가슴 미어지도록 함께 아파하던 날도 있습니다.

현재의 고향 같은 날들은, 제가 살아있어 할 일이 있음을 참 끈끈하게 느끼게 해줍니다.


그리고 머지않아 우리를 찾아올 다른 날들도 있을 겁니다. 미련과 욕정과 질투와 교만을 다 박탈당한 지긋한 나이가 되어, 하나 둘씩 세상을 떠난 친구들을 기억하면서, 수채화처럼 담백한 마음으로 서로를 가엾게 여기는 사랑 속에서 대화를 나누게 될 날들….

미래의 고향처럼, 그날들은 다시 되돌아갈 수 없는 과거의 어떤 날들보다도 더 아름다울 것 같습니다.


이 모든 날들이 모두 우리의 고향입니다. 시공時空을 넘어서서 오늘 이 "고향"에서 함께 살고 있는 녀석들이 무척 사랑스럽습니다.

그리고 그 모든 날이 지나간 후에 찾아올 또 다른 그날에, 우리 동창들 모두가 빠짐없이 우리의 영원한 고향인 "본향"에 돌아가 만나는 날도 생각해봅니다.

그날, 모두들을 서로 만나 함께 기쁨을 나누게 될 것을 위해 간절하게 기도합니다.

# 중환자 대기실

대학병원의 중환자 대기실은 병원 내 어떤 장소와도 비교할 수 없이 독특한 곳이었습니다.

사람이 있나 싶을 정도로 조용하지만, 약간은 음산하고 퀴퀴한 냄새가 났습니다. 방 안에는 긴 소파가 여러 개 줄 지어 놓여 있었습니다. 사람들은 소파를 하나씩 차지하여 거기에 담요, 옷가지, 먹을 것이 담긴 상자 등을 놓아두고, 하염없이 긴 시간을 견딜 준비를 하고 있었습니다. 아무도 큰 소리 내어 이야기하는 일도 없었습니다. 아버지께서 중환자실에 입원하신 동안, 형과 저도 빈 소파를 하나 차지했습니다.

가장 독특한 것은, 대기실의 앞쪽 중앙에 놓여있는 하얀 전

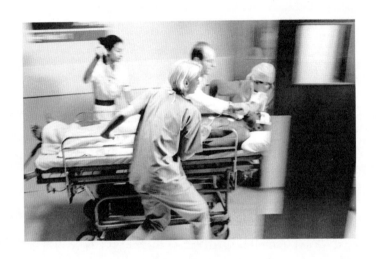

대학병원의 중환자 대기실은
병원 내 어떤 장소와도 비교할 수 없이 독특한 곳입니다.
생사의 갈림길에서 안도의 한숨과 절망의 한숨이 교차되는 곳입니다.
문득, 우리가 죽은 후 하나님께 심판받는 날도
이와 비슷하지 않을까 하는 생각이 들었습니다.
중환자 대기실에서 순간순간 계속되는 그 무거운 두려움은,
아버지의 생명뿐 아니라 저의 삶 전체까지도 돌아보게 했습니다.

화기 한 대였습니다. 이 전화기에서 간혹 전화벨이 울리면 앞쪽 소파에 있던 사람이 뛰어나가 전화를 받고, "아무개 씨 가족분"하고 소리쳤습니다. 해당되는 가족은 소파에서 일어나 급하게 그 전화를 받으러 나갔습니다. 그럴 때면, 대기실에 있는 모든 사람들이 일어나 전화를 받으러 나간 사람에게 시선을 집중했습니다.

전화를 받은 사람들의 반응은 두 종류였습니다.

한 부류의 사람들은 전화를 끊은 후 "입원실로 올라간대"라고 소리치면서 즐거운 표정으로 소파에 돌아왔습니다. 담요며 옷가지 등을 급하게 챙기고, 먹을 것이 든 상자는 옆에 있던 다른 사람들에게 선물로 나누어 주었습니다. 가족이 중환자실에서 회복되어 입원실로 돌아가는, 치료의 희망에 부푼 사람들입니다.

다른 부류의 사람들은 대부분 전화를 받고 그 자리에 주저앉아 통곡하기 시작했습니다. 더러는 그 자리에서 그냥 쓰러지는 사람들도 있었습니다. 대기실에 있던 사람들은 쯧쯧 혀를 차며 그 사람을 동정했습니다.

대기실에 놓인 그 하얀 전화는 중환자실에 들어간 환자의 생사를 통보받는 유일한 방법이었습니다. 저도 역시, 하염없이 그 하얀 전화를 기다려야 했습니다. 과거로 되돌아갈 방법도 없고, 후회할 수도 없었으며, 후회할 필요도 없는 상황이었습니다.

문득, 우리가 죽은 후 하나님께 심판받는 날도 이와 비슷하지 않을까 하는 생각이 들었습니다.

내가 호출되어 그 심판대 앞에 섰을 때, 살아있는 동안 끝내 용서하지 못한 사람이 생각난다면.

그냥 내가 마음 풀고 그 사람과 관계를 회복할 수 있었는데 나의 옹졸함과 자존심 때문에 끝내 그 사람과 화해하지 못한 것이 생각난다면, 그때엔 어떻게 해야 할까요.

그런 생각이 나더라도, 이미 심판대에 올라선 그 순간에는 더 이상 되돌아갈 수도 없고, 후회하거나 회개할 수도 없을 겁니다.

살아있을 때 하나님 알기를 거부한 사람들도 마찬가지의 마음이 들 겁니다.

몇 분 후가 될까, 내일일까, 아니면 모레?

대기실의 저 하얀 전화를 내가 받게 되는 순간이 언제일까, 저 전화를 받을 때, 나는 어떤 상황에 빠질까.

중환자 대기실에서 순간순간 계속되는 그 무거운 두려움은, 아버지의 생명뿐 아니라 저의 삶 전체까지도 돌아보게 했습니다.

2

# 화면에서 흘러나오는
# 주님의 향기

# 블랙

영화 〈블랙〉을 보았습니다.

타임지가 2005년 최고의 10대 영화로 꼽은 인도영화라고 합니다.

주인공 미셸은 눈멀고, 듣지 못하고, 말하지 못하는 소녀입니다. 미셸은 그야말로 블랙, 아무것도 보이지 않고 아무것도 인식하지 못하는 어둠 속에서, 본능대로 짐승처럼 살아가고 있었습니다. 이 아이가 무슨 짓을 할지 모르기 때문에, 부모는 그녀의 목에 방울을 달았습니다. 부모는 그녀를 인간으로 키우기를 포기했습니다. 그렇게 동물이나 다름없이 자라가던 그녀 앞에, 어느 날 샤하이라는 선생님이 나타납니다. 샤하이 선생님의 헌

미셸처럼, 저는 미친 듯이 하나님을 더 알고 싶었습니다.
감사하게도, 하나님은 그의 뜻대로, 그 분의 시간에,
저를 인도해 가졌습니다.
영화 〈블랙〉은 그렇게 제게 다가왔습니다.

신적인 노력 끝에, 미셸은 그녀의 인생을 결정적으로 변화시키는 순간을 맞게 됩니다.

어느 날, 미셸은 갑자기 물컹물컹하며 차갑게 느껴지면서도 손가락 사이로 자꾸 빠져나가는 물체를 표현하는 방법이 있다는 것을 깨닫습니다.

그리고 그것을 바로 "water"라고 "부른다"는 것을 알게 됩니다.

샤하이 선생님이 수없이 그것을 가르쳐주려 했지만 실패했는데, 드디어 이 순간 미셸은 그것을 경험하게 된 겁니다.

그것은 그녀에게 충격이었습니다.

땅에 주저앉았을 때 손에 느껴지는 또 다른 것, 수없이 만져지는 부드러운 감촉의 작은 것들이 "grass"라고 불린다는 것도 알게 되었습니다.

그녀는 이제 미친 듯이 모든 다른 물체의 이름을 알고 싶어 합니다.

그리고 그 물건의 이름들과, 행동의 표현들이 결국 다른 사람과 소통할 수 있게 해준다는 것을 깨닫게 됩니다.

미셸이 살아가던 삶의 차원이 바뀌어 버립니다. 그것은 그녀가 동물에서 인간으로, 어둠에서 빛으로, 무지의 세계에서 진리의 세계로 뛰쳐나가는 순간입니다.

이 장면이 참 감동적입니다.

미셸이 겪은 이 순간이 어떤 의미를 가지는지를 어렴풋이나마 알 것 같습니다.

제게도 그와 비슷한 순간들이 있었기 때문입니다.

육체의 눈에 장애가 있었던 것이 아닌데도, 저는 꽤 오랫동안 하나님의 이름을 제대로 알지 못했습니다. 하나님을 접촉하거나 그의 임재를 느껴본 적이 없었기 때문인 것 같습니다. 어려서부터 교회에 늘 다녔지만, 저는 항상 하나님을 형이상학적으로만 알았습니다. 하나님은 모든 것을 아시고, 모든 것을 하실 수 있는 그런 분이라고 배웠습니다. 그러나 제게 있어서 그분은 수천 년 전에 소수의 사람들만 접촉한 적이 있는 분에 불과했습니다.

나이를 들어가면서, 그 하나님이 저라는 사람과 접촉하시는 경험을 하기 시작했습니다. 꽤나 긴 시간 속에서 이루어진 사건이었습니다.

제가 진정으로 하나님의 "이름"을 알게 되는 과정이었습니다. 그로 인해, 저는 여태껏 살아오던 것과 차원이 다른 세상으로 넘어 갔습니다.

그 전까지 제가 몸부림치며 고생스럽게 살아가던 삶은 "블랙" 그 자체였습니다. 미셸처럼, 저는 미친 듯이 하나님을 더 알고 싶었습니다. 감사하게도, 하나님은 그의 뜻대로, 그 분의 시간에, 저를 인도해 가셨습니다.

영화 〈블랙〉은 그렇게 제게 다가왔습니다.

# 누구를 위하여 종은 울리나

때는 1930년대.

미국의 대학교수였던 로버트 조던은 스페인 내란이 벌어지자 교수직을 사임하고 스페인으로 갑니다. 그는 자기와 아무런 관련도 없는 나라에서 파시스트 정권에 대항하는 공화파 군대에 자원입대하고, 내란전쟁에 참가합니다. 거기서 부모를 잃고 전쟁의 괴로움을 겪은 처녀 마리아를 사랑하게 됩니다. 전장에서 더 이상 어쩔 수 없는 상황에 이르렀을 때, 로버트는 스페인 민중의 필요를 위해서, 또 사랑하는 마리아의 필요를 위해서, 전쟁터에서 기꺼이 죽음을 택합니다.

게리 쿠퍼와 잉그리드 버그만이 주연한 〈누구를 위하여 종

내가 변화시킬 수 있는 것은 오직 나뿐

지금 울리고 있는 저 종소리가
나 이외의 누군가 다른 사람을 부르는 거라고
생각하지 말라는 것입니다.
저 종소리는 그대, 바로 "나"를 부르는 종소리입니다.

은 울리나〉라는 1943년에 제작한 명화의 줄거리입니다. 이 영화는 같은 제목의 헤밍웨이 소설 일부를 각색하여 만들었다고 합니다.

처음 영화를 보았을 때 마음속에 생긴 의문은, 이 영화의 제목과 줄거리가 무슨 연관이 있는가 하는 것이었습니다. 나중에 헤밍웨이의 소설을 읽고도, 그 의문은 가시지 않았습니다.

시간이 꽤나 흘러서야, "누구를 위해 종은 울리나For whom the bell tolls"라는 이 제목은 헤밍웨이가 존 던John Donne의 기도문에서 빌려온 문구라는 걸 알게 되었습니다.

For Whom The Bell Tolls

No man is an island, entire of itself;

Every man is a piece of the continent,

A part of the main;

If a clod be washed away by the sea,

Europe is the less,

As well as if a promontory were,

As well as if a manor of thy friend's

Or of thine own were.

Any man's death diminishes me

Because I am involved in mankind.

And therefore never send to know

For whom the bell tolls:

It tolls for thee.


아무도 자신만으로는 완전한 섬이 아니다.

누구나 대륙의 한 조각이며

또한 대양의 한 부분이다.

한 줌의 흙이 바닷물에 씻겨 내려가면

유럽 대륙은 더 작아질 것이다.

만약에 그것이 해변절벽이더라도,

만약에 그것이 그대의 친구나

그대 자신의 영토더라도 마찬가지일 것이다.

누군가의 죽음으로 인해 내가 작아지는 것임은

"나"란 인류 전체에 속한 존재이기 때문이다.

그러므로 누구를 위하여 종은 울리나.

그것을 알아보려고 하지 말아라.

종은 바로 그대를 위하여 울리기에….


지금 울리고 있는 저 종소리가 나 이외의 누군가 다른 사람을 부르는 거라고 생각하지 말라는 것입니다.

저 종소리는 그대, 바로 "나"를 부르는 종소리입니다.

심지어 나와는 직접적으로 관련 없어 보이는 누군가가 고통받고 있더라도, 그 이웃을 도와야 할 사람은 바로 나 자신입니다.

다른 사람이 돕지 않을까 하여 다른 사람들을 쳐다보지 말고 나 자신이 먼저 뛰어들라는, 그런 의미입니다.

바로 영화 속 로버트 조던처럼 말이죠.


하나님께서 이스라엘 백성들을 구원해주시기 위해 보낼 사람을 찾으셨습니다.

그때, 이사야가 말했습니다.


"내가 여기 있나이다 나를 보내소서."


내가 변화시킬 수 있는 것은 오직 나뿐

저에게 이익 되는 것에만 집중하던 중에 이 말씀을 읽으면서, 이사야가 왜 그런 말을 했을지 여러 가지로 생각해 봅니다.

# 종소리를 듣지 못하는 귀

누구를 위하여 종은 울리나.

영화와 소설을 다 읽고서, 깊은 감동에 젖었습니다.

알지도 못하는 사람들을 위해 자기 목숨까지 바치는 행동이
참 아름답게 느껴졌습니다.


제 주변에서도 종이 울릴 때가 가끔 있었습니다.

수년 전, 서해안에 좌초한 유조선 때문에 태안반도 해변까지
원유찌꺼기가 몰려온 일이 있었습니다. 주변의 수많은 어민들
이 생업을 잃고 낙심에 잠겼다는 소식은, 바로 저를 향해 울리
는 종소리였습니다. 많은 국민들이 그랬던 것처럼, 저도 태안반

내가 변화시킬 수 있는 것은 오직 나뿐

도에 가서 모래와 바위에 붙어있는 원유찌꺼기를 떼어냈습니다. 쩐득한 원유의 기분 나쁜 접촉을 감수하면서, 독한 냄새를 맡아가며, 옷을 더럽혀가면서, 땀을 흘리는 기쁨을 경험했습니다. 생업이 막혀 울고 있는 태안반도의 어민 중 제가 아는 사람은 한 명도 없었지만, 저는 열심히 원유찌꺼기를 걷어냈습니다.

몇 년 후, 일본과 아이티에 지진과 쓰나미가 덮쳤습니다. 그때에 종소리를 들은 수많은 사람들이 피해현장에서 고통받는 사람들을 위해 성금을 냈습니다. 저도 정성껏 성금을 냈습니다. 로버트 조던까지는 못 미치더라도, 작은 희생을 할 줄 아는 나 자신과 주위 사람들에 대하여 자부심을 느꼈습니다.


하지만, 그 후 몇 년간 저는 그런 종소리를 듣지 못했습니다.

제 마음 속에서, 저를 부르는 종소리는 그렇게 큰 피해를 입은 대규모의 재난 시에만 울리는 것이었기 때문입니다. 그리고 그와 비슷한 재난이 더 있었지만, 그 종소리가 제게 그렇게까지 간절하게 들려오지도 않았습니다.

종소리는 그렇게 가끔씩만 울리는 걸까요?

종소리가 제게는 더 이상 들리지 않게 된 건가요?

지금도 종소리가 수시로 울리고 있지만, 제 귀가 그것을 듣지 못하고 있는 것이라는 생각이 듭니다.

　악한 사람들이 점점 더 넘쳐나고, 악한 행동이 연일 보도되고, 그게 일상이 되어버린 날을 살아가면서, 제 귀는 점점 멀어가고 더 이상 종소리를 듣지 못하는 불구가 되어버리고 있는 것 같습니다.

내가 변화시킬 수 있는 것은 오직 나뿐

# 에덴의 동쪽

영화 〈에덴의 동쪽〉은 존 스타인벡의 원작 소설 상당 부분을 잘라내고 각색하여 만든, 엘리아 카잔 감독의 영화입니다.

오래된 영화지만, 이 영화에서 잊히지 않는 대화가 있습니다.

아버지 아담과 둘째 아들 칼제임스 딘 사이에 갈등이 계속됩니다.

칼은 아버지의 사랑을 얻으려고 노력하지만, 아버지는 번번이 그런 칼의 언행을 순수하게 받아들이지 못합니다.

그 둘 사이에서 화해를 위해 노력하는 인물이 아브라라는 여자입니다.

어느 날, 아브라는 병석에 누운 아버지를 찾아가 칼의 진심

이 영화의 마지막 부분에 이르러, 아버지는 아들 칼을 불러
"네가 옆에 있어주면 좋겠다"고 말합니다.
이를 들은 칼의 표정이 환하게 밝아지는 것으로
영화가 끝납니다. 사랑받는다는 것이 우리들에게 있어
얼마나 중요한 것인지를, 이 영화는 이야기해줍니다.

을 전합니다. 그리고 아버지에게 당신의 사랑을 칼에게 보여달라고 간청합니다. 그렇게 간청하면서, 아브라가 아버지에게 말합니다.

"사랑받지 못한다는 것이 얼마나 끔찍한 일인가요."

사랑받는다는 것이 우리들에게 있어 얼마나 중요한 것인지를, 이 영화는 이야기해줍니다.

〈창세기〉 4장에는, 하나님과 부모를 떠나 에덴의 동쪽으로 간 가인과 그의 후손들에 대한 이야기가 기록되어 있습니다.

하나님으로부터 사랑받지 못할 것이라고 생각하고 떠나간 사람들입니다. 거기서 그들은 성을 쌓아 자신들을 방어하고, 가족과 이웃을 지배하고 싶어 했습니다. 아무도 자기를 도와주지 않는 가운데, 누군가로부터 해를 당할까 봐 두려웠기 때문입니다. 그것은, 하나님으로부터 사랑받지 못하고 있음을 스스로 비참하고 끔찍하게 생각하는 마음 때문에 빚어진 결과였습니다.

지금도, 자기만의 성을 쌓고 주위 사람들을 지배하려고 하는 사람들을 수없이 발견합니다.

그들도 누군가로부터 공격받을까 봐, 해를 입을까 봐 두려워합니다. 그래서 더 많은 것으로 자신을 보호하려 합니다. 하나님의 완전한 사랑과 도움과 보호를 받고 있다는 믿음이 그들에게는 없기 때문입니다.

그것을 볼 때마다, "사랑받지 못한다는 것이 얼마나 끔찍한 일인지"를 다시 생각하게 됩니다.


이 영화의 마지막 부분에 이르러, 아버지는 아들 칼을 불러 "네가 옆에 있어주면 좋겠다"고 말합니다. 이를 들은 칼의 표정이 환하게 밝아지는 것으로 영화가 끝납니다. 칼은 아버지의 사랑을 받기 시작했고, 그 행복을 누리게 된 겁니다.

하나님으로부터 사랑받는다는 확신이 제 삶에 얼마나 평안을 주는 것인지를 생각하는 이 시간이, 참 즐겁습니다.

내가 변화시킬 수 있는 것은 오직 나뿐

# 디어 마이 프렌즈

〈디어 마이 프렌즈〉라는 TV 드라마가 있었습니다.

그중에서 참 가슴 아프게 와 닿은 장면이 있습니다.

어느 날, 딸이 자기 엄마가 암에 걸린 사실을 알게 되었습니다. 충격과 두려움에 사로잡힌 엄마를 위로해 주려고 함께 여행을 떠났습니다.

일상을 떠나서 엄마가 작은 기쁨이라도 느끼게 해주려는 거죠. 기특한 딸입니다.

그날 저녁, 엄마와 함께 노래방 기계 앞에서 노래를 하다가, 딸은 화장실에 들어갑니다. 딸은 수돗물을 틀어놓고 거울을 쳐다보면서 자책합니다.

엄마가 암에 걸렸다는 이야기를 처음 들었을 때,
우선 딸의 머릿속에 떠오른 생각은 엄마의 건강과 고통이 아니었습니다.
엄마의 병 치료 때문에 변경할 수밖에 없는 나의 계획,
엄마의 고통보다도 나의 하찮은 계획을 더 중요하게 생각했던 마음.
딸은 그런 자기 마음이 죄스러운 겁니다.

엄마가 암에 걸렸다는 이야기를 처음 들었을 때, 우선 딸의 머릿속에 떠오른 생각은 엄마의 건강과 고통이 아니었습니다.

엄마의 병 치료 때문에 변경할 수밖에 없는 나의 계획, 내가 사랑하는 남자와의 계획이 우선적으로 떠올랐던 거죠.

엄마의 고통보다도 나의 하찮은 계획을 더 중요하게 생각했던 마음, 딸은 그런 자기 마음이 죄스러운 겁니다.

딸은 거울을 보면서, 있는 힘을 다하여 자기 뺨을 후려치기 시작합니다.

"나는 눈물 흘릴 자격도 없다. 나는 너무나 염치없다."라고 하면서요.

그 드라마를 보면서 저 스스로 자책했습니다.

주님께서 명하신 이웃 사랑을 실천하지 못한 것 때문에, 그렇게 심각하게 마음 아파한 적이 있던가 하구요.

어떤 경우에든 내 이익을 위한 것만 먼저 생각했던 것을 고백하지 않을 수 없습니다.

가까운 사람들을 위해 무언가를 해주려고 할 때조차도, 마음

속으로는 먼저 내 이익을 계산한 것을 기억합니다.

저도 역시, 눈물 흘릴 자격조차 없는, 너무나 염치없는 사람입니다.

# 버킷 리스트

영화 〈버킷 리스트〉는 기억에 가장 많이 남는 영화 중 하나입니다.

흥미로운 것은 이 영화의 포스터입니다.

주인공인 잭과 카터가 마주 보며 웃는 사진을 배경으로, 영문 포스터에는 한가운데에 "Find The Joy"라고 적혀 있는 반면, 한글 포스터에는 "마지막 순간까지 아낌없이 즐겨라"라고 적혀 있습니다.

포스터의 문구는 이 영화가 던지는 가장 중요한 메시지를 요약한 것인데, 영문판과 한글판의 내용이 왜 이렇게 다를까 하는 의문이 들었습니다.

말기 암 투병 중에 병원에서 의기투합하게 된 주인공 잭과 카터는 버킷리스트를 만들고 그것을 실행하러 여행을 떠납니다.

이집트 피라미드 앞에 이르렀을 때, 두 사람은 이집트인들이 죽어서 사후세계에 들어갈 때 받게 된다고 믿는 두 가지 질문에 관해서 이야기를 나눕니다.

하나는 "살아있는 동안 기쁨을 누렸는가Have you found joy in your life?"라는 것이고,

또 하나는 "삶 속에서 다른 사람에게 기쁨을 주었는가Has your life brought joy to others?"라는 것이었습니다.

그 전까지, 두 사람의 버킷리스트는 스카이다이빙을 하거나 좋은 광경을 목격하는 등의 자신만을 위한 기쁨을 위한 것이었습니다.

하지만, 그 이후부터 두 사람은 상대방이나 다른 사람과의 관계에서 기쁨을 찾는 방법으로 버킷리스트를 실행하기 시작합니다.

한 사람은 아내와의 관계, 그리고 한 사람은 딸과의 관계 속에

자신만을 위한 기쁨을 위한 것에서
두 사람은 상대방이나 다른 사람과의 관계에서
기쁨을 찾는 방법으로 버킷리스트를 실행하기 시작합니다.

서 기쁨을 함께 나누는 것으로 초점 맞추어집니다.

심지어 잭은 결혼생활 동안 다른 여자와 관계를 가져보지 못했다는 카터에게 나름대로 기쁨을 주려고 시도합니다. 그에게 기쁨을 준답시고 창녀를 소개시킴으로써 버킷리스트에 적혀있던 "최고의 미녀와 키스하기"를 실행하려고 해본 겁니다. 결국 그 계획은 실패합니다. 그러나, 잭은 딸과의 화해 끝에 손녀(최고의 미녀)에게서 키스를 받음으로써, 엉뚱하게도 자기 자신이 그 버킷리스트를 이루게 됩니다.

먼저 세상을 떠난 카터의 장례식에서 추모사를 하면서, 잭은 버킷리스트의 "모르는 사람 도와주기"라는 항목을 이루기도 합니다.

영화에서 잔잔히 이끌어내고자 했던 메시지는 바로 여기에 있다는 생각이 들었습니다.

죽음을 앞두고 자신만의 기쁨을 찾으려던 주인공들이, 그들이 찾고 있던 기쁨은 다른 사람을 기쁘게 함으로써 이루어지는 것임을 발견한다는 겁니다.

그런 점에서, 이 영화의 영문 포스터 문구 "Find The Joy"

내가 변화시킬 수 있는 것은 오직 나뿐

가 영화의 전체적 메시지를 더 정확하게 전달하고 있는 것 같습니다.

저도 종종 버킷리스트를 만들어 볼 때가 있었습니다.

그러나 그 리스트의 대부분이 저 혼자만을 위한 것, 제가 기쁨을 얻기 위한 것에 불과했습니다.

지금까지 저의 버킷리스트도 역시 한글 포스터처럼 "마지막 순간까지 아낌없이 즐기는 것"이었나 봅니다.

이제 저의 버킷리스트도 조금씩 변경해야 하겠습니다.

그러면서 갑자기 떠오르는 것이 있습니다.

"항상 기뻐하라(빌립보서 4:4)"라는 바울 사도의 말씀입니다.

이 말씀을 읽을 때마다 제 자신이 주 안에서 기뻐하는 방법만을 떠올렸습니다.

그런데, 이 영화를 보고 나서부터 이 성경말씀이 조금 다르게 읽혀집니다.

다른 사람을 기쁘게 함으로써 제가 기뻐하는, 그런 방법을 찾아보아야 하겠습니다.

# 하나님께 지은 죄,
# 사람에게 지은 죄

영화 〈밀양〉은 우리나라의 크리스천들에게 신앙에 관한 매우 현실적 문제점들을 가혹하게 지적해줍니다.

이 영화에서 가장 기억에 남는 것은 "용서"라는 주제에 관한 부분입니다.

주인공 신애는 아들이 납치되었다가 살해당한 아픔을 신앙으로 극복해가던 중, 살인범을 용서하기로 마음먹게 됩니다. 살인범을 만나기 위해 교도소를 찾아간 신애는 뜻밖의 상황을 접하게 됩니다. 신애를 만난 살인범은 매우 평안한 모습이었습니다. 그는 자신의 죄에 대해 주님으로부터 이미 용서를 받았노라고 신애에게 이야기합니다. 거기서 신애는 큰 신앙적 혼란

내가 변화시킬 수 있는 것은 오직 나뿐

을 겪습니다.

제 주변에서도 가끔씩 그와 비슷한 일들이 있었습니다.

주변 사람들에게 (고의적으로 보이는) 여러 가지 피해를 입히거나 죄를 짓고 잠적한 친구가 있었습니다. 그 친구가 몇 년 후 나타났습니다. 몹시 평안한 표정으로 지인들을 만나, "그동안 교회에 다니면서 주님을 영접하게 되었다. 주님으로부터 용서받고 새사람이 되었다"고 이야기했습니다.

그 친구뿐 아니라, 유명인들도 사람들에게 피해를 입히고 잠적했다가 후일 목사가 되었다거나 선교사가 되었다는 소식이 들려오는 일도 있습니다.

그럴 때마다 드는 의문이 있습니다.

"하나님이 그 사람을 정말 용서하신 걸까"라는 의문입니다. 그가 사람들에게 지은 모든 잘못과 과실이 과연 모두 용서되었을까, 그게 어떻게 용서되었을까, 의문스럽습니다.

분명히 하나님은 우리의 죄를 용서하시고 조건 없이 은혜를 베푸시는 분입니다.

그런데, 이때 말하는 "죄"는 하나님만을 향한 죄를 말하는 것입니다.

이때의 "죄"란, 물론 하나님을 알지 못하거나 하나님을 부인하는 상황을 말합니다.

누구든 그러한 상황에서 자기가 하나님께 저질러온 "죄"를 회개하고 하나님께로 돌아가면, 하나님은 언제든 조건 없이 그의 "죄"를 용서하고 그를 받아주십니다.

그런데, 사람을 향한 죄를 저지른 경우에는 그것과 좀 다르다고 생각합니다.

예컨대 살인을 저지른 사람은 생명을 창조하신 하나님께 죄를 지음과 동시에, 피해자와 피해자의 가족들에게 죄를 지은 겁니다.

이런 경우에 관하여 예수님께서 말씀하신 것이 있습니다.

"예물을 제단에 드리려다가 거기서 네 형제에게 원망들을 만한 일이 있는 것이 생각나거든 예물을 제단 앞에 두고 먼저 가서 형제와 화목하고 그 후에 와서 예물을 드리라."

내가 변화시킬 수 있는 것은 오직 나뿐

이 영화에서 가장 기억에 남는 것은
"용서"라는 주제에 관한 부분입니다.
"하나님이 그 사람을 정말 용서하신 걸까"라는 의문입니다.
그가 사람들에게 지은 모든 잘못과 과실이 과연
모두 용서되었을까, 하는 의문입니다.

사람을 향하여 죄를 지은 경우에는, 먼저 그 사람을 찾아가 용서를 빌고 그와 화목하기 위한 최선의 노력을 다한 후, 그 다음에 하나님 앞에서 죄를 회개하고 용서를 구해야 한다는 것입니다.

영화 〈밀양〉 속 살인범은 그 점에서 용서받는 방법을 잘못 알고 있었습니다.

그는 하나님께 자신의 죄를 용서받으려 하기 전에, 먼저 피해자를 찾아가야 했습니다. 피해자를 찾아가 용서를 빌고 피해자와 화목하게 되기 위한 최선의 노력을 다하여야 했습니다. 그가 그러한 시도도 하지 않은 채 하나님께만 용서를 구했다면, 거기서부터 잘못된 일입니다.

만약 그가 먼저 그것을 시도하지도 않은 채 하나님으로부터 용서받았다고 확신하여 마음의 평안을 얻었다고 말한다면, 그 마음의 평안은 착각에 불과합니다. 영화 속 살인범이 교도소 내의 교회나 전도자로부터 죄의 용서를 그렇게 배웠다면, 그것은 잘못 배운 것입니다. 두 가지 죄를 짓고서, 한 가지 죄만 회개한 셈입니다.

사람을 향하여 지은 죄를 용서받기 위해서는, 하나님 앞에 서기 전에 "먼저 가서 형제와 화목하는 것"이 꼭 필요합니다.

사람에게 지은 죄를 용서받는 것이란, 그렇게 책상에 앉아서 드리는 기도와 마음의 변화만으로 해결될 수 있을 정도로, 그렇게 쉽고 만만한 것이 결코 아니라는 생각이 듭니다.

3

# 이웃의 얼굴에서 보이는
# 주님의 모습

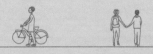

# 친구의 선물

어느 해 여름, 개인적으로 견디기 힘든 일이 있었습니다.

저 자신이 이성적으로 대처하거나 견뎌내기 어려운 일이었습니다. 누군가에게 다 쏟아버리고 안겨서 울고 싶은 심정이었습니다. 그때, 왠지 제일 먼저 머리에 떠오른 친구가 있었습니다. 저녁 무렵이 다 됐는데도, 그에게 전화했습니다. 날 좀 만나줄 수 있느냐고 물었더니, 그 즉시 나오겠다는 겁니다.

커피숍에서 그 친구를 만났습니다.

마음속에 있던 이야기를 다 털어냈습니다. 그 친구는 아무 말도 없이 제 이야기를 다 들어주었습니다. 중간중간 적절히 위로도 해주었습니다. 그 친구가 제게 특별히 어떤 해결책을 제시한 것도 아니었지만, 그 친구의 표정이나 반응이 저의 흥분과 분노를 참 많이 가라앉혀 주었습니다.

바로 이튿날, 그 친구가 저를 위해 콘도를 예약해주었습니다.

며칠간 가서 쉬고 오라고 권합니다. 콘도에 가는 날, 그 친구는 제게 작은 봉투 꾸러미를 주었습니다. 미리 뜯지 말고, 도착해서 뜯어보라는 말도 덧붙였습니다.


콘도에 도착하자마자 봉투를 뜯어보았습니다. 제가 힘들어하고 있던 일과는 전혀 다른 종류의 내용이 담긴 책과 영화 비디오테이프가 들어 있었습니다. 그날, 오토바이를 타고 여행하는 내용의 그 영화를 보면서, 마음속에 들어있던 어두움으로부터 훨씬 많이 떠날 수 있었습니다. 친구 덕분에, 힘들어 하던 일을 내려놓고 평안한 시간을 보냈습니다.


콘도에서 며칠을 지내면서, 그 친구에 대해 생각해보았습니다.

그 친구가 저녁시간에 불려나와 밤늦게까지 제 이야기를 들어준 것, 그 친구가 집에 돌아가 저를 위해 여러 가지를 생각한 끝에 콘도를 예약한 것, 콘도에 가서 제가 가장 적절하게 휴식

내가 변화시킬 수 있는 것은 오직 나뿐

친구가 준 비디오테이프의 영화가
오토바이를 타고 여행하는 내용의 영화였습니다.
그 친구가 저만을 위해 생각했던 그 시간이
참 감사했습니다.

할 수 있는 방법이 뭘까를 연구하고 책과 비디오테이프를 준비한 것 등등….

　그 친구가 저만을 위해 했을 만한 그런 일들을 생각해보면서, 참 감사한 마음이 들었습니다. 그렇게 계속적으로 저를 생각하면서 저를 위해 연구하고 준비하는 과정이야말로, 그 친구가 저를 위해 함께 울어준 일이라는 생각이 들었습니다. 그런 친구가 주위에 있다는 것만으로도 참 자랑스럽고 살아갈 맛이 납니다.

　저도 다른 사람에게 그런 친구가 되어야겠습니다.
　예수님이 지금 이 시대에 살고 있다면 바로 그런 친구의 모습이었을 거라고 생각해봅니다.

　　"너희는 내 친구다"

_ 요한복음 15:14

라고 하신 예수님의 말씀이 오늘은 조금 다르게 다가옵니다.

내가 변화시킬 수 있는 것은 오직 나뿐

# 두 친구 이야기

대학 졸업 후 오랫동안 만나지 못했던 친구를 우연히 만났습니다.

중요한 이야기가 있다면서 저를 구석에 데리고 가서 이야기를 꺼냈습니다. 아들이 있는데, 어려서부터 말도 잘 듣고 부모 말에 거역 한 번 안했다는 겁니다. S대학에 들어갔고, 졸업하자마자 고시에 합격했고, 이번에 국내 최고의 기업에 취직했다는 겁니다. 그 이야기를 하는 동안, 그 친구의 얼굴은 벌겋게 달아올라서, 자랑과 희열이 가득합니다. 그걸 들으면서, 저는 계속 "야 훌륭하구나, 잘 됐다. 너 정말 좋겠다"라고 맞장구쳤습니다만, 제 마음은 말과 달랐습니다.

제 마음 속에서는 여러 가지의 비난이 일어나고 있었습니다.

'그래, 부모 말에 거역 한 번 안 했다고? 그게 사내 녀석이야? 자기주장도 전혀 없는 그저 마마보이 하나 키웠구나. S대학 졸업했다고? 그 학교 나와서 타락한 친구들, 끝없는 불만족 속에 살아가는 친구들, 권력에 눈먼 친구들, 남들 헐뜯는 인생 살아가는 친구들, 얼마나 많은데. 대기업. 겉으로는 월급 많고 편안해 보이지, 하지만 개인의 삶이 얼마나 고달픈지 알고 있냐. 그 괴로움은 부모도 아내도 아무도 모른다. 넌 결코 몰라….'

뭐 이런 생각이 막 떠오르는 겁니다.

그 친구의 이야기를 들으며, 진심으로 함께 웃을 수가 없었습니다.

헤어지고 나서, 그런 마음이 생긴 저 자신에 대해서 참 깊이 생각해 봤습니다. 분명히 시기심이었습니다. 경쟁심도 섞여 있었습니다. 저는 그 친구의 아들이 잘된 것에 대해 샘을 내고 있었습니다.


또 다른 친구가 있습니다.

그 친구는 자기 아들이 말을 안 듣고 탈선하고 문제를 일으켜서 늘 괴로워했습니다. 고등학교를 중퇴하게 되지나 않을까 하며 아들을 걱정했습니다. 저를 만날 때마다 아들을 걱정하고, 아빠로서 대응할 방법을 상담하기도 하고, 아들을 위해 기도해 달라고 부탁도 했습니다. 이야기하다가 글썽거리는 친구의 눈을 보면서, 저도 가슴 메어오는 기도를 여러 번 했습니다.

한동안 연락이 없던 어느 날, 그 친구가 오랜만에 제게 전화했습니다.

이번에는 참 행복한 목소리로 이야기합니다. 아들이 맘 잡는 것 같더니 이번에 대학엘 들어갔다고요. 아르바이트를 해서 등록금도 자기가 댄답니다.

그 이야기를 듣는 순간 제 맘이 얼마나 기쁜지 모릅니다.

잘 됐구나. 정말 잘됐어.

전혀 가증스럽지 않은 제 진심이었습니다.


두 친구로부터 똑같이 아들이 잘 되었다는 이야기를 들었는데, 뒤의 친구의 아들 이야기를 듣고 진심으로 기뻐하고 있었습니다.

원인이 뭘까를 생각했습니다.

뒤의 친구의 경우에는, 오랜 시간동안 그 친구와 함께 걱정했습니다.

그 친구의 아들을 위해 여러 차례, 진심으로 기도했습니다.

그런데, 앞의 친구 아들에 대하여는 상황도 알지 못했고, 함께 걱정하거나 기도한 적이 한 번도 없었습니다.

그게 차이였습니다.


친구가 행복할 때 진심으로 함께 기뻐해 주는 것, 그것은 저의 못난 본성상 쉽지 않은 일이더군요.

하지만, 친구가 어려울 때 함께 고민하고 그의 어려움을 공감해왔던 경우에는, 그 친구의 기쁨을 진심으로 함께 누리는 게 너무나 쉬워지는 것을 경험했습니다.

친구의 아픔을 내 아픔처럼 함께 아파한 경우에는 그게 쉽다는 겁니다.


친구들이 행복해할 때 함께 기뻐해주십시오.

그들이 슬퍼할 때 함께 울어주십시오.

_ 로마서 12:15

내가 변화시킬 수 있는 것은 오직 나뿐

친구가 슬픔을 딛고 행복해할 때 진심으로 기뻐하는 사람이 되어야겠다고 다짐했습니다.

그것을 위해서는 먼저, 친구가 슬퍼할 때 그와 함께 있어주는 사람이 되어야겠습니다.

# 하나님, 좀 놀라셨죠?

오랫동안 연락이 없었던 중학교 동창에게서 갑자기 전화가 걸려왔습니다.

"잘 있었냐? 별일 없지?"

그냥 안부를 묻는 인사를 꽤 오래 하고 있는 겁니다. 제 아내와 아들 안부까지 묻더니, 제 건강까지 묻습니다. 아침저녁 간단히 운동하는 방법과 식생활 비법까지 권고해 주었습니다. 통화가 길어지고 있기에, 혹시 이 친구가 본론으로 들어갈 타이밍을 놓친 것이 아닌가 싶은 생각이 들었습니다. 오랜만에 걸려오는 전화는 대부분 변호사인 저에게 법률문제에 관해서 상담하기 위한 것일 때가 많기 때문입니다.

그래서 제가 물었습니다.

"혹시 나한테 물어보거나 부탁할 건 없냐?"

친구가 대답했습니다.

"그냥 한 거야. 갑자기 네가 좋다는 생각이 들어서."

친구로부터 듣는 이야기 중에, 이보다 더 감격스러운 이야기가 있을까요.

눈물이 찔끔 나올 지경이었습니다.


그 후부터, 저도 역시 그냥, 아무 목적도 없이 내가 좋아하는 친구나 이웃에게 전화하기를 가끔씩이나마 시작하게 되었습니다.

컴퓨터에 제가 아는 사람들의 생일이나 특별한 날을 입력해놓고, 그날이 되면 전화를 하거나 메일을 보냅니다. 그렇게 간단한 일만으로 사람들은 감동하고 좋아합니다.

이제는 좀 한가할 때마다 휴대폰의 전화번호부를 뒤지는 습관이 생겼습니다. 최근 몇 년간, 저의 매우 친한 친구 몇 명이 갑자기 세상을 떠난 후부터는 더욱 그렇게 되었습니다. 전화번호부를 뒤지다가, 오랫동안 연락 없었던 사람이 발견되면 지체

전화번호부를 뒤지다가, 오랫동안 연락 없었던 사람이
발견되면 지체 없이 전화를 합니다.
제 전화를 받은 그 사람이 놀라며 즐거워하는 모습을 보면,
지도 또한 참 즐겁습니다.

없이 전화를 합니다. 제 전화를 받은 그 사람이 놀라며 즐거워하는 모습을 보면, 저도 또한 참 즐겁습니다.


언제 헤어질지도 모르는 우리들의 삶 속에서 누군가를 그렇게라도 가끔씩 만나는 즐거움.

어떠한 목적도 가지지 말고, 그냥 그들에 대한 그리움이나 좋은 감정만을 떠올리며 이야기 나누는 시간.

그것도 요즘 사람들이 종종 이야기하는 "소확행" 중의 하나가 아닐까요.

그러다가 생각해보았습니다.

제가 하나님을 찾는 것도 특별한 목적이 있는 경우에만 국한되었던 것이 아니었던가 하구요.

아프거나, 시험을 앞두었거나, 무엇인가가 잘 되지 않아 그 해결을 구할 때, 그때에야 비로소 하나님을 찾아 그 해결을 구하는 것이 저의 신앙생활 전부였던 것 같습니다.

아무 어려움이 없고, 심지어 특별히 감사할 이유조차 없을 때에도, 그냥 좋기 때문에 하나님을 만나고 싶어 기도하는 그런 관계를 맺어가는 것도 좋겠다고 생각합니다.

"하나님. 하나님이 그저 좋아서 기도하는 거예요. 좀 놀라셨죠?"

이런 기도 말입니다.

이제부터라도, 이웃과 하나님을 즐겁게 감동시키는 하루하루를 살아가는 삶을 살아보아야겠습니다.

# 혹시 나를 싫어하는 건 아닐까

몇 년간 신학교에서의 유학생활을 마치고 귀국한 후 며칠 되지 않은 어느 날이었습니다.

평소 가까이 지내던 친구에게서 전화가 왔습니다. 이삿짐도 도착하지 않았을 텐데, 오늘 저녁식사는 부부끼리 만나 해결하자고요. 참 오랜만에 만나서 반갑기도 하고, 그동안 양쪽 가정이 겪은 일들을 이야기하며 재미있는 시간이 되리라고 기대되었습니다. 또, 친구의 가정 역시 독실한 크리스천 가정이라, 특히 제가 늦은 나이에 신학을 공부하면서 겪은 일들을 궁금하게 여길 것이라고 생각하면서, 약속 장소로 갔습니다.

아늑한 식당에서 두 부부가 만났습니다.

서로 반가움을 표시하고, 자리에 앉고, 그리고 음식을 주문했습니다. 그동안 어떻게 지냈느냐, 건강은 괜찮냐 등등의 몇 가지 가벼운 인사치레가 오갔습니다.

그리고 저는 인사의 일환으로 당연히 친구의 자녀들 안부도 물었습니다. 그런데, 이 질문 하나 때문에 그날 대화의 방향이 결정되고 말았습니다.

제가 친구 자녀의 안부를 묻자마자, 그 친구의 부인은 자기 자녀의 이야기를 꺼내기 시작했습니다. 고3인 자기 자녀의 공부 이야기, 학교의 실태, 대입시 제도의 문제점, 교육부의 부패상, 유학의 필요성, 유학을 뒷받침하기 위한 재산의 필요성 등을 참으로 상세하게 이야기했습니다.

그날 식사가 끝나고, 저녁 10시가 넘어 음식점 종업원으로부터 몇 번이나 눈치를 받고 나서야 자리에서 일어날 수 있었는데, 부인의 그 이야기는 주차장에 나와 손을 흔들며 헤어질 때까지 계속되었습니다. 물론 완결편은 다음에 만났을 때 이야기할 것으로 미루어졌고요.

우리 부부는 3시간 동안 "아, 그래요? 그것 참, 어쩜, 쯧쯧,

내가 변화시킬 수 있는 것은 오직 나뿐

맞아 맞아"이런 몇 개의 말만 했을 뿐입니다. 우리 부부가 외국에서 어떻게 지냈는지, 아들은 어떻게 되었는지, 제가 신학을 공부하면서 변화하거나 생각해본 것은 어떤 것인지 등등에 관해서는 단 한 번의 질문도 없었고, 그것에 관해 이야기할 겨를도 없었습니다.

돌아오는 차 속에서, 우리 부부 사이에 침묵이 흘렀습니다.

제가 아내에게 물었습니다.

"혹시 나를 싫어하는 건 아닐까?"

아내가 대답합니다.

"싫어했다면 저녁식사를 하자고 했겠어?"

그 친구 부부의 표정과 분위기로 볼 때, 그들이 우리를 싫어하는 게 아니라는 사실은 분명했습니다. 그들은 우리와 헤어지면서도 못내 아쉬워하고, 또 만나고 싶어 했습니다. 결코 사교적인 제스처가 아니라 진심으로 우리 부부를 좋아한다는 것을 충분히 느낄 수 있었습니다. 그럼에도 불구하고,제 마음속에는 야속함, 아쉬움, 의구심, 슬픔, 이런 것들이 마구 섞인 감정으로 가득 차 있었습니다.

문득, 하나님과 저와의 관계를 떠올렸습니다.

하나님께는 제가 바로 그 친구의 부인과 같겠다는 생각이 듭니다. 하나님과 만나 교제하는 대부분의 기도 시간에, 저는 바로 그런 방식으로 기도했거든요. 하나님께 찬양과 영광을 돌린다는 몇 마디의 말, 그것은 사람들끼리 처음 만났을 때의 형식적인 인사치레 정도에 불과했습니다. 그리고 잘못에 대한 회개와, 이것저것 주신 것에 대한 감사기도를 드리는데, 이것도 역시 특별한 의미가 있다 할 만한 따끈따끈한 주제가 아닌 한, 거의 인사치레에 불과한 정도였습니다.

그리고 본격적으로 하는 기도는 주로 "주시옵소서"를 내용으로 하는 간구뿐이었습니다. 저 자신이 필요한 것들과 부족한 것들을 위주로 하고, 가족들, 이웃들, 친구들의 병과 어려움들을 도와달라는 내용의 기도를 참 열심히 오랫동안 했습니다. 기도를 마친 후에는 무엇엔가 쫓기듯 자리를 박차고 일어나곤 했습니다.

만나서 반갑다고 하면서도 3시간 동안 자기의 이야기만 일방적으로 늘어놓은 친구 부인이, 그렇게 기도하는 저 자신과 전혀

내가 변화시킬 수 있는 것은 오직 나뿐

다를 바가 없다는 생각이 들었습니다.

저는 기도라는 하나님과의 교제 속에서, 저의 말만 일방적으로 늘어놓고 헤어지는 일만 반복했던 겁니다.


일방적으로 몰아붙이는 저의 기도를 들으신 하나님께서 "혹시 나를 싫어하는 건 아닐까?"라고 생각하실지도 모른다고 상상해 보았습니다.

물론 참고 기다려주시겠지만, 저에 대해 야속함, 아쉬움, 또는 슬픔을 느끼실지도 모르겠습니다.

이제부터라도, 하나님께서 제게 무얼 말씀하시려고 하는지에 더 집중하고 귀 기울이는 시간을 늘려가야겠다고 다짐해봅니다.

# 그들의 삶

예수님의 십자가를 대신 걸머지고 좁고 험한 길을 자청한 사람들, 고통스럽지만 고귀하고 희생적인 삶을 산 사람들의 이야기를 종종 듣습니다. 그때마다, 저는 깊은 감동과 함께, 이 세상은 그래도 저런 사람들 때문에 아름답구나 하고 생각합니다.

그들의 삶은 하나의 영화와도 같습니다. 그들의 인생은 한 폭의 멋진 그림이고, 화병에 담긴 아름다운 꽃입니다.

그들이 더욱 비참한 삶을 살수록, 그들이 더욱 비참한 죽음을 맞았을수록, 제가 느끼는 감동은 더욱 강렬합니다. 그들의 삶에 대해 이야기 듣다가 눈물을 흘릴 때, 저는 눈물 흘리는 제

내가 변화시킬 수 있는 것은 오직 나뿐

자신에 대해 참으로 커다란 자부심을 느낍니다. 그들의 그 좁고 험한 길이 바로 예수님이 가르치신 길이라고 이야기할 때, 저는 그렇게 이야기하는 제 자신이 매우 성숙한 그리스도인이라고까지 생각합니다.

언젠가 제 방의 한쪽 벽에는, 한 평생을 희생과 고통 속에 살다간 사람들의 아름다운 이야기가 그려진, 멋진 그림을 걸어놓을 겁니다. 저는 따뜻한 벽난로 옆 푹신한 소파에 앉아 사랑스러운 가족이나 친구들과 함께 그 그림을 보며, 그 사람들의 삶에 대해 신실하고 종교적인 대화를 나누겠지요. 그 사람들이 희생과 고통을 이렇게 저렇게 효율적으로 했더라면 더 좋았으리라는 가벼운 비평도 곁들이곤 할 겁니다. 그리고 그 그림이 지겨워지는 어느 날, 저는 또 다른 사람의 희생적이고 고통스런 삶을 그린 또 하나의 멋진 그림으로 바꾸어 걸어놓을 겁니다. 그들의 삶은 그저 멋진 그림일 뿐, 저와 아무런 관련도 없기 때문에….

저 역시 다른 사람의 희생을 멀리서 바라보며 감상하기에만 급급한, 껍데기 크리스천에 불과하다는 부끄러운 생각이 듭니다.

# 그 청년의 증오

길옆으로 평행주차를 하다가 뒤차와 살짝 부딪혔습니다.

뒤차의 운전석 문을 열고 뛰어나온 20대 청년은 큰소리로 욕을 하며 살기등등하게 다가왔습니다.

"X발, X같은 새X가."

폭력배나 못 배운 사람 같지는 않았습니다. 하지만, 현저한 나이차에 따른 예의나 낯모르는 사람에 대한 절제된 태도 등은 그에게서 전혀 찾아볼 수 없었습니다.

그의 눈길이나 손짓은 극도로 악에 받쳐 있었습니다. 여차하면 대로상에서 그 청년에게 따귀를 맞거나 멱살을 잡힐 순간이었습니다. 그는 자기 차량의 앞 범퍼에 눈을 바싹 갖다 붙이고

내가 변화시킬 수 있는 것은 오직 나뿐

한참 동안 샅샅이 훑어보기 시작했습니다. 저는 황당한 꼴이나 면하고자, 옆에서 소같이 순한 표정을 짓고서 몇 차례나 미안하다고 비굴하게 말하고 있었습니다. 한참 뒤에야, 아무런 자국도 발견할 수 없었던 그는 "가보쇼" 하며 저를 놓아주었습니다.

그는 왜 그렇게 악에 받쳐 있었을까요.

저는 그만을 탓할 수 없었습니다. 악에 받친 그 청년의 눈길은 우리 사회 어느 곳에서나 발견되기 때문입니다.

뉴스에서, 인터넷에서, 상점에서, 건물에서, 공무소에서, 거리에서, 늘 마주치게 되는 참으로 많은 얼굴에서, 저는 그와 흡사한 눈길을 발견합니다. 이유 없이 미워져 악에 받치는 것은, 현재 우리 사회가 재앙처럼 직면한 전염병이라는 생각이 듭니다. 백의민족의 순수함과 선함의 이미지는 어느덧 우리에게서 사라졌습니다.

정치 이념, 남녀, 노소, 종교, 직업 간, 모든 분야에서 모든 것을 서로 이유 붙여가며 미워하는 우리들.

이제는 개인적 차원의 미움에서 벗어나 집단적 증오로 변하는 것 같습니다. 저를 스쳐간 그 무례한 청년의 눈길. 거기서 고

제 안에도 그에 못지않은 분노와 악함이 수시로 들끓습니다.
분노와 증오들, 주홍 같은 저의 죄악들을 하나씩 제거해
나가는 것이 오늘 가장 먼저 해야 할 일입니다.

개를 내민 악한 모습은 우리 모두가 앓고 있는 증오병의 가장 작은 증세일 뿐이라는 생각이 듭니다. 이유야 어쨌든, 우리는 전부 참으로 악해진 것 같습니다.

소돔의 관원 같은 우리의 지도자들과, 그리고 고모라의 백성 같은 우리 전체가, 모두 악행을 그치고 선행을 배우며 정의를 구하며 "절대적 진리"에 귀 기울여야 할 때입니다… 이 악한 세대 전부가 하나님의 법에 귀 기울이기를 기대하지는 않습니다… 최소한 창조 질서의 작은 일부에 해당하는 "양심과 윤리"에라도 귀 기울여야 할 때입니다… 선한 것이 무엇인지는 우리 모두가 잘 알고 있기 때문입니다….

이런 생각을 하다가 아차 싶었습니다.

우리와 전체의 악을 생각하는 제 자신이, 사실은 그 모습과 다를 것 없기 때문입니다.

제 안에도 그에 못지않은 분노와 악함이 수시로 들끓습니다.

제 마음 속에서 늘 일어나는 작은 분노와 증오들, 주홍 같은 저의 죄악들을 하나씩 제거해 나가는 것이 오늘 가장 먼저 해

**야 할 일입니다.**

"어찌하여 형제의 눈 속에 있는 티는 보고 네 눈 속에 있는 들

보는 깨닫지 못하느냐"

_ 마태복음 7:3

내가 변화시킬 수 있는 것은 오직 나뿐

# 억울한 일

과학자를 꿈꾸던 초등학교 6학년 때였습니다.

과학에 관심이 많으시던 담임선생님의 권유로 어느 정부 부처가 주관하는 "라디오조립 경연대회"에 참가하기로 했습니다. 이 대회에 참가하려는 몇 명의 친구들과 거의 매일 학교에 남아 여러 달 동안 2석 트랜지스터라디오 조립을 열심히 연습했습니다.

대회 날이 되었습니다. 생각했던 것보다 훨씬 많은 학생들이 참석했고, 교사와 학부형, 그리고 기자들까지 와서 분위기가 상당히 고조되어 있었습니다. 대회가 시작되기 전이었는데, 어떤 학생 주위에는 기자들이 모여들어 플래시를 터뜨리고 있었습니다. 당시 상당히 유명했던 D초등학교에서 온 학생이라고 합니다. 담임선생님께서는 "아마도 유명한 집 자제가 참석했나보다"고 말씀하셨습니다.

드디어 대회가 시작되었습니다.

여러 달에 걸친 연습 덕분인지, 제가 가장 먼저 라디오 조립을 완료했습니다. 무명의 초등학교 출신이지만, 저의 1등상은 당연히 예상되었습니다. 대회 직후에는 기자들이 제게로 몰려와, 난생처음 "인터뷰"라는 것까지 했습니다.

그런데, 참 이상한 일이 벌어졌습니다. 시상식에서는 장려상부터 1등에 이르기까지 제 이름이 한 번도 불리지 않았던 겁니다. 1등상은 아침에 기자들이 모여들어 플래시를 터뜨렸던 바로 그 학생에게 돌아갔습니다.

시상식이 끝나고 담임선생님과 함께 심사위원들을 찾아갔습니다. 그들은 "이 아이가 가장 먼저 조립하긴 했으나, 라디오에서 소리가 나지 않았다."고 간단히 대답했습니다. 저와 담임선생님은 손을 들기 전에 라디오의 소리를 분명히 확인했다고, 소리가 나지 않았으면 손을 들었겠느냐고, 라디오를 가지고 와서

내가 변화시킬 수 있는 것은 오직 나뿐

확인해보자고, 그렇게 말했습니다. 한참 후 그들이 마지못해 직원을 시켜 가지고 온 제 라디오에서는 아주 또렷한 소리가 나오고 있었습니다.

심사위원들은 담임선생님과 저를 붙잡고 "내년에는 꼭 1등 시켜주겠다"고 말했습니다. 그때에야 알았습니다. 1등은 "실력으로 되는 것"이 아니라, "그들이 시켜주는 것"이었다는 것을요.

얼굴이 온통 눈물로 얼룩진 채 돌아오던 그날 저녁 길을, 저는 지금도 잊지 못합니다.


초등학교 6학년을 마칠 무렵, "장래의 희망"이라는 주제로 글짓기를 하는 시간이 있었습니다. 저는 거기에다가 억울한 사람을 돕기 위해 변호사가 되겠다고 적었습니다. 그걸 보고, 담임선생님은 빙긋이 웃으셨습니다.

그로부터 약 10년 후, 실제로 변호사의 길에 들어서게 되었습니다.

하지만, 그 후 20여년에 걸쳐 변호사로서 일하는 동안 억울한 사람을 얼마나 도왔는지는, 저도 잘 모르겠습니다.

억울한 일이란, 저만 겪는 것도 아니고, 이 세상에서 쉽사리 없어지지도 않는 것 같습니다.

제 삶이 끝날 무렵에는, 이런 억울한 일에 대한 하나님의 생각을 좀 더 명백하게 알게 되었으면 좋겠습니다.

# 거짓말

학력을 위조한 사람들의 이야기가 종종 거론됩니다.

그중에는 대학교수들도 있고, 연예인이나 종교인들도 있습니다. 그래서 어떤 사람들은 자신의 학력 위조 사실이 언론에 공개되기 전에 먼저 실토하기도 했습니다.

이제는 더 나아가, 순수한 학력 위조뿐 아니라 학위를 받기 위해 편법을 사용하거나 비인가 대학에서 학위를 취득한 사람들도 드러났습니다.

그러한 사람들에 대한 매스컴의 보도나 반응을 보면서, 문제의 핵심이 "학력 위조"라는 사실에 있는지 "거짓말"에 있는지 혼란스러웠습니다.

대학교수라는 것은 학생들을 가르치고 학문적 연구를 이루어야 하는 직업입니다. 이런 대학 교수들에게 있어서는 자기가 취득한 학위가 연구 환경과 결과에 중요한 영향을 미치기 때문에, 그들의 학력 위조 문제는 매우 엄격하게 평가되어야 합니다. 거기에 덧붙여진 그들의 "거짓말"은 그 자체만으로도 또 다시 비난받아야 할 것입니다.

하지만, 연예인의 경우는 좀 다릅니다.

연예인이라는 직업은 자신의 예술적 재능에 좌우되는 것이지, 자신의 학력과는 직접적인 연관이 없습니다. 연예인이 그의 학력 때문에 대중의 인기를 얻게 되는 것도 아니기 때문입니다. 따라서 연예인이 학력 위조와 관련하여 비난받을 부분은 그들이 공인으로서 "거짓말"을 한 점에 초점 맞추어져야 합니다.

그러고 보면, "학력 위조"는 그 사람의 상황이나 직업의 특성에 따라 조금씩 다르게 판단되어야 하는 반면, "거짓말"은 언제나 비난받을 만한 일이라는 생각이 듭니다.

"거짓말"은 모든 종류의 범죄의 기본이 되고, 사람 사이의 신뢰를 해치는 원인이 되기 때문입니다.

내가 변화시킬 수 있는 것은 오직 나뿐

거짓말한 사람이 그 대가를 치루는 사회,
거짓말하지 않는 사람들이 존경받으며,
그런 사람들이 주류를 이루는 그런 사회가
되었으면 좋겠습니다.

그런데, 참 묘한 것은, 우리 사회가 유독 "거짓말"에 대하여
는 관용의 폭이 크고, 그것을 그다지 크게 비난하지 않는다는
사실입니다.

체면문화가 강조되는 사회여서 체면을 지키기 위한 다소의
거짓말이 서로 용인되는 경향이 생기는지도 모릅니다. 하지만
체면문화를 정말 제대로 발전시키려면 오히려 거짓말부터 없어
져야 한다는 생각도 듭니다.


수 년 전에도 놀라운 의학적 연구로 세계를 놀라게 한 우리
나라의 학자가 있었습니다. 나중에 그 연구결과에 관하여 거짓
말을 한 것이 드러났을 때, 우리는 그의 거짓말에 대해 그다지
크게 비난하지 않았습니다. 본인 스스로 거짓말임을 인정했지
만, 어떤 사람들은 그가 잘못을 솔직하게 인정했다면서 좋게 평
가하기도 했습니다. 정치지도자들이 황당무계한 거짓말로 상
대방을 모함하고 선거에서 승리한 경우에도, 심지어 나중에 그
것이 거짓말이라는 게 모두 드러나도, 우리는 그것이 정치라고
생각하면서 별로 비난하지 않습니다. 거짓말을 한 정치지도자
는 아무런 변명이나 사과도 없이 권력을 유지하고 그렇게 성장

내가 변화시킬 수 있는 것은 오직 나뿐

해갑니다.

우리가 거짓말쟁이를 비난하지 않은 덕분에, 앞으로도 계속해서 우리는 더 많은 사람들의 수많은 거짓말 속에서 살아가야 할 것입니다.

"가난한 자가 거짓말하는 자보다 나으니라."

_ 잠언 19:22

거짓말을 하는 것보다는, 차라리 돈 좀 덜 벌고, 덜 유명해지고, 권력을 덜 잡는 게 낫다는 것입니다.

거짓말한 사람이 그 대가를 치루는 사회, 거짓말하지 않는 사람들이 존경받으며, 그런 사람들이 주류를 이루는 그런 사회가 되었으면 좋겠습니다.

# 용서 구하기

이런 신문기사를 읽은 적이 있습니다.

공원 도로에서 자전거를 타고 가던 50대 남자가 공원 내에서 날아온 축구공에 맞아 넘어졌는데, 하필이면 바닥에 머리를 부딪쳐 결국 사망하고 말았다는 것입니다. 그의 외동딸은 축구공을 찬 사람과 공원의 관리책임이 있는 구청을 상대로 1억여 원의 손해배상청구소송을 제기했습니다. 이 소송에서 법원은 원고 패소판결을 내렸습니다. 축구공을 찬 사람이나 구청 모두 이 사망에 대해 손해배상책임이 없다는 거지요.

법원에서 내린 판결 이유는 이랬습니다.

자전거를 타고 가다가 축구공에 맞아 사망한다는 것은 매우

내가 변화시킬 수 있는 것은 오직 나뿐

이례적인 일이며, 공원에서 축구하고 있는 사람에게는 이런 이례적인 일이 일어나지 않도록 주의해야 할 의무가 없고, 구청도 또한 이런 이례적인 일을 대비한 안전장치를 설치할 의무가 없다는 것이었습니다.

이 판결의 내용을 공표한 법원 공보판사는 이렇게 말했습니다.

"유족에게는 안타까운 일이고, 재판부도 이를 진지하고 심각하게 고려해 판결했지만… (피고들에게) 책임을 묻기가 어려웠다."

사정은 안타깝지만, 법률상 원고에게 "손해배상금"을 안겨줄 수는 없었다는 말입니다.

이 판결의 이유는 모두 "합리적"이고, "이해"할 수 있습니다. 그러나 왠지 찜찜하고, 뭔가가 해결되지 않았다는 느낌을 지울 수 없습니다.


그즈음, 우연히 TV 뉴스에서 마침 이 소송에 대해 보도하면서 소송을 제기한 원고, 즉 사망자의 외동딸과 인터뷰하는 것을 보았습니다. 원고는 보도진의 카메라 앞에서 억울하다고 하소연하며 말했습니다.

"멀쩡하시던 아버지가 억울하게 돌아가셨는데, 그 누구도 내게 잘못했다고, 미안하다고 하는 사람이 없었어요."

그녀의 억울함은 손해배상금을 받지 못한 데 있는 게 아니라, 아버지의 죽음과 관련해 아무도 그녀에게 용서를 구하지 않은 사실에 있었습니다. 이 사건의 관련자들을 둘러싼 사람들 사이에서 일어난 분쟁은 먼저 "피해자에게 용서를 구하는 것"으로 해결되었어야 하는데, 법률은 고작 "손해배상금을 지급하는 것"에 대하여만 관심 있을 뿐이었습니다. 이것이 법률의 한계입니다.

축구공을 찬 사람이나 구청이 이 판결의 뒤에 숨어서 무슨 생각을 하고 있는지는 모릅니다. 그러나 분명한 것은, 그들 중 어느 누구도 억울해하는 원고에게 다가가 용서를 구할 생각을 가지지 않았다는 사실입니다.

아무도 자기의 잘못을 인정하지 않고, 잘못에 대해 용서를 구하지 않는 사람들. 대부분의 분쟁이 사실상 법으로 해결될 수 없음을 알면서도, 법률에 의한 해결에 모든 책임을 전가하는 사람들.

이것이 우리가 살고 있는 사회의 현주소라고 생각됩니다.

내가 변화시킬 수 있는 것은 오직 나뿐

일상 속에서, 우리는 의식적이든 무의식적이든 많은 실수를 하고, 그것이 남에게 피해가 되는 수가 많습니다. 부모가 자식에게 상처를 주었더라도, 그것에 대해 사과하고 자식의 용서를 구하는 것은 참 중요한 일입니다. 부모에게서 받은 상처 때문에 인생이 비뚤어지거나 평생 괴로워하는 사람이 얼마나 많던가요. 선생이 제자에게, 주인이 일꾼에게, 일꾼이 주인에게, 대통령이 국민에게, 자신의 잘못을 시인하고 용서를 구하는 것은 우리 사회를 성숙한 사회로 만드는 지름길입니다.

예수님께서는 이렇게 말씀하셨습니다.

"예물을 제단에 드리려다가 거기서 네 형제에게 원망들을 만한 일이 있는 것이 생각나거든 예물을 제단 앞에 두고 먼저 가서 형제와 화목하고 그 후에 와서 예물을 드리라."

_ 마태복음 5:23~24

무엇보다도 먼저 형제에게 용서를 구하고 이웃 간의 화목을 찾는 사람이 가장 훌륭하고 아름다운 사람이라고 생각합니다.

# 4

어미가 어찌 젖 먹는
자식을 잊을까

# 아는 것

아들을 낳았을 때, 처음으로 만나보는 생명체가 눈도 뜨지 못한 채 포대기에 싸여 있는 것을 본 기억은 지금도 생생합니다.

신기하면서도 한편으로는 어색하기도 한 순간이었습니다. 아내로부터 녀석을 처음 건네받아 안으면서, 내 손가락이 녀석의 갈비뼈 사이로 쑥 들어가버리면 어떻게 하나 염려하기도 했습니다.

그 녀석은 며칠 후 눈을 떴습니다. 그 초롱초롱한 눈망울을 지금도 생생히 기억합니다.

날이 가면서, 녀석은 빛과 어둠을 구별하고, 점점 사물을 알아보았습니다.

몇 주가 지난 어느 날, 아내가 제게 전화를 했습니다.

"여보, 아기가 방금 날 알아보고 웃었어. 날 보고 웃는 게 꼭 당신 같아."

퇴근하자마자 집으로 달려갔습니다.

힘차게 버둥거리던 녀석이 저를 보자마자 함박웃음을 지었습니다. 팔다리를 온통 흔들어가면서 좋아합니다. 그걸 보는 순간 제 몸 속에서부터 떨려오는 신비한 전율, 그것을 무엇에다 비길 수 있을까요.

"이 녀석이 이제 날 알아보는구나."

저는 녀석의 함박웃음이 바로 저를 "아는 것"의 의미인 줄 알았습니다.


그 녀석이 점점 커서 초등학교, 중학교, 고등학교 그리고 대학생이 되었습니다.

거의 이십 년이 되도록 많은 날이 지나는 동안, 서로 간의 갈등도 있었고, 감동도 있었습니다.

덩치가 커진 이 녀석은 제가 발목을 돌리고 있는 것만 보고도 제 기분이 어떤 상태인 줄 압니다.

"종석아"라고 부르는 제 목소리만 듣고도, 좋은 소식을 전하려는 것인지, 뭔가 부탁하기 위한 것인지, 꾸짖기 위한 것인지, 정확하게 압니다.

어느 날, 녀석과 새로 나온 전자제품에 관해 정보를 나누고 있던 중에, 그 중 어떤 제품을 가리키며 제게 말했습니다.

"조만간 이걸 구입하실 생각이죠?"

"어떻게 알았냐?"

"제가 아빠를 모르면 누가 아빠를 알아요."

녀석이 저를 "아는 것"의 정도가 깊어졌다는 게, 마음 깊이 흐뭇합니다.


최근 아들 부부 앞에서 저와 아내가 아주 유치한 일로 티격태격 다툰 적이 있습니다.

어느 순간 녀석의 얼굴을 힐끗 쳐다보니, 녀석은 우리를 쳐다보면서 아무 말 없이 빙그레 웃고 있었습니다.

유치한 분쟁의 원인도, 결과도, 다 알다 못해 몽땅 초월해 버린 것 같은 웃음입니다.

더 말할 필요도 없이, 이제는 저를 "아는 것"의 의미가 훨씬 성숙해 버린 것입니다.

"아는 것"이란, 오랜 기간 동안의 경험을 통해 맺어진 친밀한 관계를 의미한다고 생각합니다.

"하나님을 아는 것"도, "하나님이 저를 아시는 것"도, 마찬가지일 듯합니다.

주님이 하신 말씀을 되씹어봅니다.

나는 선한 목자다. 나도 내 양을 알고, 내 양도 나를 알아본다.

_ 요한복음 10:14

# 이웃 사랑하기

아내가 발목을 심하게 삐었습니다.

여러 날이 지나도 잘 낫지 않았습니다. 책상다리같이 생긴 보조기구를 짚고 교회 안에서 천천히 쩔뚝이며 걷는 것이, 제가 보기에도 안쓰럽습니다.

그걸 보는 교회 내 사람들의 반응도 여러 가지였습니다.

어떤 분은 제게 다가와서 자기의 경험을 이야기해주셨습니다.

침을 맞으면 금방 낫는다고, 아무개 한의사가 잘한다고.

그다음 주에 또 다가오셨습니다.

가봤냐고.

안 가봤다고 대답하니까, 노골적으로 기분 나빠하셨습니다.

그거 참, 왜 안 가보냐고. 왜 말 안 듣느냐고.

그다음 주에도 아직 안 가봤다는 제 답변을 듣자, 그분은 '말을 안 듣네. 넌 낫기 어렵다, 자존심 상했다'는 표정을 짓고 휙 가버리셨습니다. 좋은 충고를 받을 줄 모르는 인간에게 더 이상 관심 두어줄 가치가 없다는 생각이신 듯했습니다.


어떤 사람들은 "참 이상하다"고 계속 이야기하셨습니다.

삔 것은 금방 낫는 법인데, 이건 참 이~상한 일이라고 말하셨습니다. 마치 평범하게 삔 것이 아니고, 벌을 받았다든가 무언가 심상찮은 징조 같은 것 아니냐는 뉘앙스가 강한 어조였습니다.


어떤 사람들은 저를 나무라셨습니다.

"다친 아내를 업고 다니지 옆에서 무얼 하느냐" 또는 "너무 무심하다"고 쉽게 말씀하셨습니다.

남편으로서 아내를 사랑할 줄 모른다는 꾸지람이었습니다. 나보다 젊은 사람도 쉽게 그런 말을 했습니다. 제 아내를 저보

남편으로서 아내를 사랑할 줄 모른다는 꾸지람이었습니다.
그럴 때마다 나는 그런 사람들에게 미안하다고 말하고 싶었습니다.
아내의 부상 덕분에, 이웃 사랑하는 구체적인 방법을
또 배웠습니다.

다도 더 사랑할 줄 안다는 우월감이 그들의 말 속에서 느껴졌습니다.

그럴 때마다 나는 그런 사람들에게 미안하다고 말하고 싶었습니다.
미안하다고,
아내가 다친 것이 당신에게 미안하고,
이렇게 아직까지 낫지 않는 것도 미안하고,
당신이 이 딱한 광경을 보게 함으로써 마음 쓰게 한 것도 미안하다고,
그렇게 말하고 싶었습니다.

사실 그들이 원하는 것은, 아내가 절뚝거리며 다니는 광경을 자기 눈앞으로부터 빨리 제거해 주었으면 하는 것뿐인 듯했습니다. 손쉬운 해결책을 생각나는 대로 꺼내 놓고, 그것으로써 자기 책임을 다했다는 위안을 삼습니다. 그리고 자기가 다시 그런 일에 신경 쓰지 않도록 뭔가 해결해 놓으라는 것입니다. 그들이 실제로 우리를 위해 뭔가 도와주는 것은 아무것도

내가 변화시킬 수 있는 것은 오직 나뿐

없었습니다.

그런데, 그 와중에도, 몇 사람은 아내와 제 옆에 와서 "힘들지요"하면서 그저 안타까워했습니다.

때로는 그냥 가만히 있기도 하고, 때로는 "뭐 도와 드릴 일 없나요" 하고 물었습니다.

어떤 분은 아내가 반찬 만들기 힘들어 할까 봐, 우리 집에 반찬이나 김치 같은 것을 가져다 주시기도 하셨습니다.

아내의 부상 덕분에, 이웃 사랑하는 구체적인 방법을 또 배웠습니다.

# 결혼기념일의 고백

우리가 처음 만난 날.

그날, 당신은 입술을 야무지게 다물고 앉아 있었습니다.

단정한 병아리 색 원피스를 입고, 큼직한 가죽가방을 매고, 당당하게 나와 이야기했습니다.


야무지게 다문 입술은 당신이 가진 영혼의 문이었습니다.

하나님께서 당신을 창조하시면서 불어넣으셨던 "생기"가 항상 당신의 입술에 남아 있습니다.

신촌 어느 카페에서 그 입술에 내 입술을 갖다 댄 순간을, 지금도 생생하게 기억합니다.

그 순간, 숨 쉴 수 없도록 내 가슴이 떨렸던 것은, 당신의 입술을 통해 그 순수한 영혼을 감촉했기 때문일 것입니다.

이제 그 입술이 언제나 주님을 찬양하는 아름다운 입술이 되었음을 감사합니다.

출근하는 내게 뽀뽀를 하려고 뾰족하게 내미는 당신의 입술을, 그래서 사랑합니다.


그날 매었던 큼직한 검정색 가죽가방은 당신의 가치관을 상징하는 물건이었습니다.

그것은 하나님께로 온 영을 받은 사람임을 자랑스럽게 밝히는 믿음의 상징물이었고, 하나님께서 은혜로 주신 것들을 담는 도구였습니다.

우리의 모든 추억은 그 큼직한 가죽 가방에 담겨 있습니다.

우리가 만들어 간 소박한 가죽 가방 속에, 믿음으로 성장해 가는 우리 자녀의 교육과, 검소하고 거룩하게 생활해 가는 우리의 삶이 담겨 있습니다.

여전히 소박한 당신의 가방들을, 그래서 사랑합니다.

당신이 입었던 단정한 원피스의 병아리 색과 그 깔깔한 감촉을, 나는 지금도 기억합니다.

어린아이와 같은 영혼과 부드러운 성품을 가진 당신을 만난 것은 분명히 하나님의 섭리 때문이었습니다.

그것은 늘 노란 병아리 색으로 기억됩니다.

지금도 항상 순수함을 잃지 않는 당신의 모습은, 아마도 그 노란 병아리 색에서부터 시작되었나봅니다.

단정한 옷과 깔깔한 감촉에는, 세상적 편안함에 우리의 인생을 맡겨버리지 않는 도도함이 묻어 있었습니다.

늦은 나이에도 돈을 위한 아귀다툼을 버리고서 훌쩍 떠날 수 있는 그 도도한 자신감에 대하여는 하나님께서 갚아주실 것입니다.

변함없이 청청하게 유지되고 있는 당신의 단정하고 자신 있는 그 깔깔함을, 그래서 사랑합니다.


그것은 당신인 동시에 나였습니다.

우리가 만난 이후 지금까지도 서로 "정말로 좋아하면서" 살아가고 있음에 대해, 하나님께 마음 깊은 감사를 드립니다.

그런 감사를 드리게 한 당신에게, 언제나 감사합니다.

내가 변화시킬 수 있는 것은 오직 나뿐

지금도 항상 순수함을 잃지 않는 당신의 모습은,
아마도 그 노란 병아리 색에서부터 시작되었나봅니다.
단정한 멋과 깔깔한 감촉에는, 세상적 편안함에 우리의 인생을
맡겨버리지 않는 도도함이 묻어 있었습니다.

# 맛있냐

제가 어릴 때, 아버지는 청계천에서 노점을 하셨습니다. 당시 청계천변에는 노점들이 줄지어 있었습니다. 아버지는 그 노점 중의 하나에서 전기기구들을 파셨습니다. 저는 종종 아버지의 노점으로 놀러 갔습니다. 집에서 약 40분 정도 걸어가야 하는 거리였지만, 제가 거기에 자주 간 데는 그만한 이유가 있었습니다.

아버지에게 가면, 아버지는 꼭 나를 이웃 점포의 다른 아저씨들에게 소개하셨습니다.

"우리 아들이요."

그 때마다 저는 으쓱해지는 기분이었습니다.

내가 변화시킬 수 있는 것은 오직 나뿐

그리고 아버지는 점포를 다른 사람에게 잠시 맡기고 저를 데리고 가셔서 먹을 것을 사주셨습니다. 아버지가 제게 가장 자주 사주신 것이 바로 만두였습니다.

만두집에 저를 데리고 가신 아버지는 저를 위해 고기만두를 한 접시 시켜주시고, 제가 맛있게 먹는 것을 옆에 앉아 구경하셨습니다.

그리고는 언제나 "맛있냐"라고 물어보셨습니다.

궁금해하는 표정으로 저를 쳐다보는 아버지의 눈길과 그의 음성은 지금도 생생합니다. "맛있냐"라는 말씀은 사실 질문이 아니라, "사랑한다"라는 의미를 담은 아버지의 고백이었습니다.

지금 어디서 어떤 종류의 만두를 먹어도, 저는 그 만두 속에서 40여 년 전 청계천의 시끌시끌한 소리와 "맛있냐"고 물어보시는 아버지의 음성을 듣습니다.


세월이 흘러, 40대 초반에 변호사 일을 중단하고 신학교에 처음 들어가 공부하게 되었습니다.

그 첫 학기가 시작된 첫날이었습니다.

읽어야 할 책의 분량과 과제가 산더미 같았습니다. 하지만,

만두를 맛있게 먹고 있는 저를 바라보며 "맛있냐"고 묻던
아버지처럼, 하나님은 그 표정과 그 음성으로 그렇게 물어보고
계셨습니다. 하나님도 저를 "사랑한다"고 말씀하시는 겁니다.

그날 밤, 집에서 책상에 앉아 그날 배운 것을 복습하는 순간, 저는 말할 수 없는 희열에 휩싸였습니다.

제가 젊을 때부터 정말 하고 싶어 했던 공부였는데, 바로 오늘 이렇게 배우고 있는 내용까지도 너무나 감격적이었기 때문입니다.

성경 말씀의 한 구절 한 구절이 이렇게 맛있고, 재미있고, 이렇게 중요한 것인 줄을 이제야 알게 되다니…. 하면서 혼자 책상 앞에서 무릎을 탁 치기까지 했습니다.

그날, 하나님이 제게 나타나셔서 "맛있냐"고 물어보시는 느낌을 받았습니다.

환상이나 세미한 음성처럼 기적적인 것이었다고 과장할 정도는 도저히 아니지만, 하나님께서는 분명히 제게 그렇게 물어보고 계셨습니다.

만두를 맛있게 먹고 있는 저를 바라보며 "맛있냐"고 묻던 아버지처럼, 하나님은 그 표정과 그 음성으로 그렇게 물어보고 계셨습니다. 하나님도 저를 "사랑한다"고 말씀하시는 겁니다.

그날 이후, 성경은 제게 만두가 되었습니다.

성경을 읽을 때마다, "맛있냐"라고 물으시는 하나님의 사랑 고백을 듣습니다.

# 점수 따는 방법

변호사가 되어 광화문의 어느 로펌에서 일하기 시작한 때였습니다.

어느 날, 아버지가 사무실 근처로 저를 만나러 오시게 되었습니다. 이왕 오신 김에 제 사무실 구경을 시켜드리겠다고 하자, 아버지는 한사코 사양하셨습니다.

변호사 아들의 사무실을 얼마나 보고 싶으셨을까요. 남루한 차림의 아버지가 다른 사람들의 눈에 띄면 변호사 아들의 이미지에 혹시라도 흠이 될까봐 그러신다는 걸, 저는 잘 알고 있었습니다. 하지만 저는 누구에게도 정말 자신이 있었습니다. 저를 있게 해주신 아버지가 늘 자랑스러웠기 때문입니다.

아버지가 끝내 사양하고 집으로 돌아가시려 하자, 저는 지갑을 꺼냈습니다.

그리고 제 지갑을 거꾸로 탈탈 털어 지갑 안에 있던 돈을 몽땅 꺼내서 아버지의 주머니에 넣어드렸습니다. 그때 왜 그랬는지 모르지만, 그건 제 진심의 표시였습니다. 아들의 사무실을 구경하고 싶으면서도 돌아서야 했던 아버지의 허전한 마음을 채울 수 있다면, 제 지갑에 들어있는 무엇이라도 다 드릴 수 있었습니다.

이 일 때문에, 아버지는 두고두고 저를 자랑하셨습니다.

"저 녀석이, 택시비 하란다며 자기 지갑에 있던 돈을 몽땅 털어서 꺼내 주더라."

이 일로 저는 아버지에게서 확실한 점수를 땄습니다.


그때부터 저는 "몽땅 드리는 것"에 재미를 붙였습니다.

40세가 갓 넘었을 때, 저는 하나님 아버지께 제 인생을 몽땅 드리는 것에 대해 심각하게 생각했습니다.

제가 움켜쥐고 있어봐야 대단치도 않은 인생인데, 하나님께 드려서 가치 있게 사용된다면 몽땅 드리는 게 어떨까 하고 생

내가 변화시킬 수 있는 것은 오직 나뿐

각했습니다.

그래서 그때 시작한 것이 신학공부였습니다.

그것 자체가 저를 몽땅 바치는 것은 아니었지만, 저로서는 분명한 방향을 가진 준비였습니다.

앞으로 언젠가 하나님께서 저를 필요로 하실 때 저를 하나님께 몽땅 바칠 수 있도록 하나하나 준비하고 있습니다.

저같이 흠 많은 사람이 하나님께 확실한 점수를 따는 유일한 방법일지 모릅니다.

아버지를 통해 배운 "점수 따는 방법"을 하나님께도 써먹어 볼 요량입니다.

# 좋은 목사

변호사로서 나이를 먹어가면서, 재산축적의 목적 이외에는 더 이상 큰 의미가 발견되지 않았습니다. 더 늙어져서 기력과 소망을 접게 되기 전에, 진정한 기쁨을 얻으면서 제 인생을 바칠 만한 것을 찾고 싶었습니다.

오랜 고민 끝에 도달한 결론은, 장래의 다양한 가능성을 어느 정도 열어두고라도 신학공부를 하는 것이었습니다. 한창 돈을 벌 만한 나이에 변호사 업무를 그만두고 신학공부를 하기 위해 미국 유학을 가겠다고 했을 때, 주위 사람들의 반응은 참 다양했습니다. 어떤 방식으로든 저와의 관계가 얽혀 있는 사람일수록, 섭섭해 하거나 부정적인 반응을 보였습니다. 제 희망에 대

내가 변화시킬 수 있는 것은 오직 나뿐

해 아무 이의도 없이 함께 기뻐하면서 즉각적으로 지지해 준 사람은 아내와 아버지였습니다.

40대 초반의 아들이 갑자기 잘 해오던 변호사업을 접고 신학을 하겠다는 것, 그것을 위해 3년 이상의 계획으로 미국에 유학 갔다 오겠다는 것은, 지금 와서 아무리 생각해도 80세를 넘은 아버지에게 쉽게 받아들여질 만한 일은 아니었습니다. 실제로 아버지께서 그 유학기간 중에 돌아가신 것을 돌이켜 생각하면, 연로하신 아버지로서 더욱 그랬을 거라는 생각이 듭니다.

그러나 이 말을 들은 아버지가 그 즉시 제게 하신 말씀은 간단했습니다.

"넌 좋은 목사가 될 거다."

목사가 되기 위해 신학공부를 하는 것은 아니라고 말씀드렸지만, 아버지는 제게 그렇게 말씀하셨습니다. 그것은 저를 향한 아버지의 기대와 소망이었고, 제가 목사 안수를 받기 전에 돌아가신 아버지의 유언이었다고 생각합니다. 그리고 그것은 아버지로서 제게 남겨주신 최대의 축복이라고 생각합니다.

좋은 목사.

좋은 목사는 무엇일까.

어떻게 하면 좋은 목사가 될 수 있을까.


그것은 제 삶에 있어 최대의 화두가 되었습니다.

아버지의 소망에 벗어나지 않는 좋은 목사가 되기 위해 오늘도 노력하고 있습니다.

그것은 아버지의 소망이었을 뿐만 아니라, 저를 향한 하나님 아버지의 바람이기도 하다는 것을 알고 있기 때문입니다.

# 곰방 나을 꺼다

고3은 제게도 퍽이나 어려운 시간이었습니다.

막바지인 11월이 되자, 저의 체력은 끝내 힘겨운 공부를 이겨내지 못했습니다. 대상포진으로 가슴과 등에 포진이 생겨 몇 주를 고생한 후에도, 덤으로 심한 피부병을 앓았습니다. 팔에 부스럼이 몇 개 나기 시작하더니, 순식간에 그 부스럼들은 온몸으로 번졌습니다. 부스럼 하나하나가 벌겋게 돋아나서 꼭지가 누렇게 변한 후 그것이 터지면서 진물이 솟기 시작하는데, 불과 며칠 만에 그런 부스럼이 팔다리와 온 몸통에까지 빽빽하게 났습니다. 가렵기가 이만저만이 아니었습니다.

저는 가려움 때문에 24시간 내내 거의 잠을 잘 수 없었습니다.

대학입시는 뒷전이고, 죽지나 않았으면 싶은 심정이었습니다. 의사는 열 개가 넘는 알약을 하루 세 번 먹으라고 처방하면서, 부스럼에 연고를 바르는 방법까지 일러 주었습니다. 모든 부스럼에 연고를 일일이 바른 후 비닐로 싸매고 있다가, 매일 저녁 비닐을 풀어내고 부스럼을 물로 깨끗이 씻은 후 다시 연고를 바르고 비닐로 싸매는 것이었습니다. 부스럼으로 달 표면처럼 되어버린 두 팔과 두 다리, 그리고 몸통. 거기에 연고를 바르고 하루 종일 비닐로 싸맸다가 저녁에 풀면, 진물로 엉켜 붙은 부스럼에서는 역겨운 냄새가 진동했습니다.

저 자신조차도 부스럼을 바라볼 엄두가 나지 않았습니다. 그저 눈을 감고 비닐 위로만 손톱으로 찍어가며 가려움을 달랠 뿐이었습니다. 꼭 성경에 나오는 욥의 고통이 바로 이랬을 거라는 생각이 들었습니다. 혹시 문둥병의 일종은 아닐까 하는 걱정까지 되었습니다.


매일 이 부스럼을 씻는 역할을 자처한 것은 아버지였습니다.

아버지는 저녁마다 밖에서 물을 끓인 후 커다란 대야에 따뜻한 물을 담아 가지고 방으로 들어오셨습니다. 며칠 동안 잠을

하나님 아버지의 사랑도 이와 크게 다르지 않았습니다.
제가 아프고 상처받을 때, 하나님은 함께 아파하면서
상처를 싸매고 연고를 바르면서 "곰방 나을 꺼다" 하고
위로해 주셨습니다.

못 자서 축 늘어진 저를 일으켜 앉히고 온몸에서 비닐을 벗겨낸 다음, 썩은 냄새로 진동하는 부스럼을 하나하나 씻으셨습니다. 아버지는 표정 하나 찌푸리지 않고 몇 시간동안이나 제 몸을 씻고, 연고를 바르고, 비닐로 부스럼을 싸매셨습니다.

중간중간 "걱정마라. 곰방 나을 꺼다."라는 말씀도 잊지 않으셨습니다.

아버지는 "금방"이라고 하지 않고 "곰방"이라는 말을 즐겨 사용하셨는데, 이 "곰방"이라는 아버지의 표현에는 이상한 매력이 있었습니다.


반드시 다가오게 되어 있는 미래를 확 앞당겨 보여주는 듯한 마력 같은 것 말입니다.

수백 개가 넘을 것 같은 부스럼 하나하나에 연고를 바르고 문지르는 아버지를 바라보면서, 혹시 우리 집에 온 천사가 아닐까 하는 생각도 들었습니다. 그리고 아버지라는 게 뭐길래 이렇게까지 할 수 있는 걸까 하는 의문도 생겼습니다.

그로부터 수십 년이 지나고, 저도 아들을 키워가면서야 비로소 아버지의 사랑이 어떤 것인지를 조금씩 경험하게 되었습니

내가 변화시킬 수 있는 것은 오직 나뿐

다. 아들의 고통이 내 고통보다 더 아프게 느껴지는 아버지 사랑을 뒤늦게 경험했습니다. 그제야, 부스럼을 싸매주었던 제 아버지의 행동은 그가 천사였기 때문이 아니라 "아버지"였기 때문임을 알게 되었습니다.

하나님 아버지의 사랑도 이와 크게 다르지 않았습니다.

제가 아프고 상처받을 때, 하나님은 함께 아파하면서 상처를 싸매고 연고를 바르면서 "곰방 나을 꺼다" 하고 위로해 주셨습니다.

하나님이 "신"이기에 앞서 "아버지"이기 때문이라고 생각해 봅니다.

5

송이꿀보다 더
달콤한 말씀

# 소금되기

식당에서 설렁탕을 주문했습니다.

김이 모락모락 나는 설렁탕 국물을 숟가락으로 떠먹어봅니다. 밍밍하고 별로 맛이 없습니다.

옆에 놓은 빨간 플라스틱 통에서 소금을 조금 덜어 설렁탕에 넣고 다시 맛을 봅니다. 맛이 완전히 변했습니다.

어~ 맛있다. 설렁탕 국물의 고소함 때문에 저도 모르게 감탄하게 됩니다.

소금이 조금 들어간 설렁탕 국물에서는, 오랫동안 고기를 푹 고아 만든 국물 본연의 진하고 고소함이 너무나 잘 느껴집니다. 하지만, 그것은 결코 소금의 맛이 아닙니다.

세상이 하나님께서 의도하신 그 맛을 낼 수 있도록,
제가 세상에서 녹아드는 것을 연습합니다.

그러고 보니까, 소금은 음식에 들어가서 그 음식 자체의 맛을 더 강하고 진하게 해주는 역할을 하는 것뿐입니다. 그 목적을 위하여 소금은 음식 속에서 녹아서 완전히 없어져 버립니다.

소금이 가장 잘 어우러진 음식 속에서는 소금의 존재를 느낄 수 없을 정도로 철저히 녹아버리는 겁니다. 소금은 음식 속에서 녹아야만, 그래서 그 음식에서 적절히 어우러져야만, 음식의 맛이 제대로 납니다. 만약 어떤 음식에서 소금이 자신의 존재를 드러내려 한다면, 그 음식은 너무 짜서 먹기 힘들어질 겁니다.

예수님은 우리들에게 세상의 소금이 되라고 말씀하셨습니다.(마태복음 5:13)

이 세상은 하나님이 만들어 가시는 음식인데, 거기서 소금의 역할을 해야 한다는 말씀입니다.

하나님의 음식인 세상이 본연의 맛을 낼 수 있도록 역할하되, 자신의 존재가 느껴지지 않도록 철저히 녹아버려야 한다는 의미입니다.

세상이 하나님께서 의도하신 그 맛을 낼 수 있도록, 제가 세상에서 녹아드는 것을 연습합니다.

　이웃들을 찾아가서 그들을 위해 소금같이 녹아들고, 저는 사라지는, 그런 사랑을 실천하는 것은 늘 어렵습니다. 제 이름과 제 자취조차 없는 일을 하게 될 때에는 쓸데없는 짓을 하는 것처럼 보입니다. 교회에서도, 아무도 알아주지 않는 일을 위해 아무도 모르는 노력을 할 때가 종종 있습니다. 그럴 때마다, 실제로 아무도 그것을 알아주지 않는 것에 왠지 마음 허전합니다. 생색나지도 않는 일들을 하는 것은 그래서 늘 힘듭니다. 하지만 소금이 된다는 것은 그걸 감당하는 역할이라고 믿습니다.

　주님이 그런 제게 눈 마주쳐주시는 장면을 상상해봅니다.

　바다 속으로 들어간 소금인형처럼 몸통의 형체를 거의 잃어가는 제게 다가오셔서, 아직 채 녹지 않은 어깨를 어루만지며 "수고했다"고 말씀해 주시는 장면 말입니다.

　내가 변화시킬 수 있는 것은 오직 나뿐

# 착하고 충성된 종

성경 속 달란트 비유의 이야기(마태복음 25:14~30)를 읽었습니다.

다섯 달란트나 두 달란트 받은 종들의 태도와, 한 달란트 받은 종의 태도가 현저하게 다릅니다.

그 차이의 핵심이 무얼까 생각해보았습니다.

하나님이 시키신 일을 하는데 그 열심히 하는 정도가 다른 겁니다. 다섯 달란트나 두 달란트 받은 종들은, "세상에서 자기 욕심을 충족시키거나 이익을 얻기 위해 최선을 다했을 정도로" 열심히 일했다는 것, 그게 중요한 차이점입니다. 하나님의 말씀을 잘 이행하기 위해 최선을 다해야 착하고 충성스러운 종이 된다는 말씀인 것 같습니다.

정결하게 살라고 하셨는데, 정결하지 않았던 삶의 방식을 중단하기 위해 제가 정말 최선을 다했던가 생각해 봅니다.

마치 경기를 앞둔 권투선수가 체중감량을 하는 것처럼, 마약 중독자가 마약을 완전히 끊기 위해 노력하는 것처럼, 이를 악물고 그 동안의 정결하지 못했던 습관을 끊으려고 극도로 노력해 보았던가.

내가 시험 합격을 위해 공부하거나 돈을 벌려고 발버둥친 것만큼이라도 노력했던가.

세상의 삶을 위해서는 그토록 노력했으면서도, 하나님의 말씀을 지키기 위해서는 꽤나 느슨한 태도로 그저 노력하는 척만 하고 말았던 자신을 되돌아보았습니다.

정직한 삶, 경건한 삶… 하나님께서 원하시는 구체적인 삶의 모습을 버킷리스트처럼 적어놓고, 매우 구체적인 대책을 고안해 보았습니다.

그리고 엑셀로 점검표를 만들어서 매일 그것을 체크하는 방

내가 변화시킬 수 있는 것은 오직 나뿐

식으로 실행해 봅니다.

그걸 실행하지 못하는 날에는, TV시청을 금지하거나, 즐기는 음식을 먹지 못한다는 저만의 벌칙도 정했습니다.

성경을 늘 읽기 위해서, 책별로 성경을 분리한 후 조각 성경들을 주머니에 넣어가지고 다니기로 했습니다.

어떤 부분은 아예 외우기로 했습니다.

직장에서는 마치 내가 직장을 경영하는 사람처럼 생각하고 일하기로 마음먹었습니다.

이웃을 사랑하는 방법도, 또 그렇게 구체적인 것을 리스트로 적어놓고 체크해가면서 실행해 보려고 합니다.

세상에서의 삶을 살아가면서 노력했던 모든 방식들을, 말씀대로 사는 방법에 총동원하기로 했습니다.


최종 결산하는 그날이 왔을 때, "착하고 충성된 종"이라는 칭호를, 종이 받을 수 있는 최고의 칭호를 하나님으로부터 받고 싶습니다.

# 달리다굼

야이로라는 회당장이 죽어가는 자기 딸을 살려달라고 예수님께 간청했습니다.

예수님이 갔을 때에는 그의 딸이 이미 죽어 있었습니다. 어떤 사람들은 이제 더 이상 예수님이 필요없게 되었다고 했습니다. 어떤 사람들은 이미 죽어버린 아이를 붙들고 통곡하기만 했습니다. 예수님은 이 아이가 죽은 것이 아니라 자고 있을 뿐이라고 말씀하셨는데, 그 말을 들은 어떤 사람들은 예수님을 비웃었습니다. 예수님은 그 가운데서, 죽은 야이로의 딸에게 "달리다굼 (소녀야 일어나라)"이라고 말씀하시고, 그 딸을 살려내셨습니다.

자고 있었던 것은 야이로의 딸뿐이 아니라는 생각을 해봅니다.

내가 변화시킬 수 있는 것은 오직 나뿐

하나님께 요청했는데 그게 이루어지지 않아서
실망한 적이 있었습니다.
오늘 주님은 그런 저의 귀에 대고 속삭이십니다.
"달리다굼(일어나라)."

예수님이 더 이상 필요 없게 되었다고 말한 사람들, 딸아이가 이미 죽었다고 단정하고 통곡한 사람들, 예수님의 능력을 비웃은 사람들, 그들 모두가 잠든 사람들입니다.

하나님께 요청했는데 그게 이루어지지 않아서 실망한 적이 있었습니다. 하나님께서는 주무시는가 의문을 가지기도 했습니다. 오늘날 범람하는 세상적 가치관과 부딪힐 때마다, 혹시 그들이 옳은 것일지도 모른다는 생각을 한 적도 있습니다. 갖가지 범죄와 부도덕이 정상인 것처럼 받아들여지는 세상 속에서, 저도 역시 제 자신의 악하고 부정한 마음과 행동을 스스로 눈감아 준 적도 있습니다. 하나님은 더 이상 이 암담한 세상을 변화시키실 의사나 능력이 없으신가 의심스러워한 적도 있습니다.
그렇게, 저도 또한 잠들어 있던 겁니다.
저뿐 아니라, 그렇게 생각하거나 의심한 수많은 주위 사람들도, 모두 잠들어 있는 사람이라고 생각해봅니다.
오늘 주님은 그런 저의 귀에 대고 속삭이십니다.

"달리다굼(일어나라)."                    _ 마가복음 5:41

내가 변화시킬 수 있는 것은 오직 나뿐

# 아담의 창조

미켈란젤로가 그린 시스티나 성당의 천정화 중에서 가장 잘 알려진 것은 〈아담의 창조〉라는 그림입니다.

이 그림의 구석구석을 천천히 뜯어보면 미켈란젤로가 이 그림을 그릴 때의 의도가 참 재미있게 느껴지는 부분들이 있습니다.

하나님 쪽을 살펴봅니다.

하나님은 몸 전체가 금방이라도 앞으로 쓰러질 정도로 아담 쪽을 향해 기울어져 있습니다. 게다가 하나님은 오른팔을 앞쪽으로 곧게 펼치고 있기 때문에 그 몸은 곧 균형을 잃을 것처럼 보입니다. 그래서 천사들이 그 몸을 힘겹게 지지하고 있습니다. 하나님의 표정에는 단호하고 적극적인 하나님의 의도가 잘 나타나 있습니다.

마치 "내가 창조한 아담에게 생명의 숨을 반드시 넣어 줄 거야"라고 말씀하시는 듯합니다. 그 하나님의 의도는 그의 오른손과 검지손가락의 끝으로 잘 표현됩니다. 그의 오른손은 전체가 팽팽하게 긴장되고, 검지손가락 끝은 아담을 향해 힘 있게 쭉 뻗어 있습니다.

아담 쪽을 살펴봅니다.

내가 변화시킬 수 있는 것은 오직 나뿐

아담의 몸 전체의 자세는 하나님과 정반대입니다. 아담은 비스듬히 뒤로 기대고 거의 누워 있습니다. 오른팔은 팔꿈치를 아예 바닥에 댄 채 느긋한 태도입니다.

바닥에 댄 오른쪽 손목은 주먹을 쥐고 안쪽으로 웅크리고 있습니다. 나를 쉽게 허용하지 않으려는 마음속의 고집스러움이 그렇게 웅크린 손목으로 잘 표현되고 있습니다. 왼팔을 뻗긴 했지만, 그 팔꿈치는 세워진 왼쪽 무릎 위에 얹어놓고 있습니다. 그것은 왼팔 전체에 아무런 힘도 주지 않고 있음을 보여주는 것입니다. 아담과 똑같은 자세를 취해보면, 어디에 힘이 가는지, 또 어떤 마음의 자세가 되는지를 직접 쉽게 실감해 볼 수 있습니다.

아담의 왼쪽 허벅지 근육은 크게 불거져 나와 있는데, 그것은 왼쪽 다리에 힘을 주고 있기 때문입니다. 이러한 자세에서 왼쪽 다리에 힘을 주고 있으면, 결코 몸을 일으킬 수 없습니다. 이것은 아담이 몸을 일으켜 하나님의 손에 자기 손을 갖다 대려고 노력할 의지가 애당초 없다는 것을 보여줍니다. 아담의 오른발의 발가락은 미켈란젤로가 그린 하나의 해학처럼 보입니다. 아담은 엄지발가락을 벌려서 꼬물거리고 있습니다. 아담은 발가락을 꼬물거리고 있을 만큼 아무것도 급할 것이 없고, 그의 마음은 이렇게 한가한 겁니다.

그의 표정은 이러한 자세를 그대로 반영하는 듯합니다.

그는 마치 이렇게 말하는 것 같습니다.

"생명의 숨이라…? 사실, 그다지 필요한 건 아닌데… 정 주시려면 주시든가요. 처박아 뒀다가 꼭 필요할 때 쓰든지 하면 되죠, 뭐…."

아담이 하나님을 향하여 내민 왼손은 힘없이 늘어져 있습니다. 그리고 그의 검지손가락은 구부러져 있습니다. 아담이 그의 손가락만이라도 곧게 편다면 곧바로 하나님의 손가락 끝에 닿을 수 있겠는데, 아담은 아직 그의 손가락을 구부린 채 망설이고 있는 겁니다. 하나님은 온몸이 쓰러질 듯 다가와 손과 손가락을 있는 힘껏 펴서 아담에게 닿으려고 애쓰고 있지만, 아담은 그렇지 않습니다.

하나님의 손과 아담의 손이 그렇게 닿지 않고 있는 원인은, 오직 아담에게만 있는 겁니다.


하나님께서 힘껏 저에게 쏟아 부으려고 하시는 것, 이야기

내가 변화시킬 수 있는 것은 오직 나뿐

하려고 하시는 것들이 더 많이 있는 게 아닐까 생각해봅니다.

아담처럼, 저도 그러한 것들을 달가워하지 않거나 소극적인 몸짓으로 응대하고 있는 게 아닐까요.

# 아담의 침묵

하나님께서는 아담과 하와에게 선악을 알게 하는 나무의 열매를 따먹지 말라고 말씀하셨습니다.

그런데, 하와가 뱀의 유혹에 빠져, 그 열매를 따먹고 맙니다. 그것을 남편 아담에게 주었고, 아담도 이를 먹습니다. 두 사람은 이렇게 하나님의 말씀을 거역한 범죄행위로 인해서, 함께 에덴으로부터 추방당합니다.

창세기의 이 부분을 읽을 때마다, 저는 하와와 똑같이 처벌받은 아담이 좀 억울하겠다는 생각이 들었습니다.

선악과를 따먹는다는 마음을 최초로 결단하고 이를 실행에 옮긴 하와는 분명히 주범이지만, 사후에 이러한 하와의 범죄행위를 묵인하고 장물을 나누어 먹은 것에 불과한 아담은 종범이라 하기에도 좀 어렵습니다. 그렇다면 아담은 하와보다 가볍게처벌받아야 하지 않을까, 그런데도 똑같이 처벌받은 아담은 억울할 거다… 늘 그런 생각이 들었습니다.

그러다가, 래리 크랩이라는 기독교 상담학자가 쓴《아담의 침묵》이라는 책을 읽었습니다.

이 책은 "뱀이 하와를 유혹할 때 아담은 어디 있었을까"라는의문으로부터 시작합니다. 래리 크랩은 성경 속에서 하와가 열매를 따먹는 그 범죄의 현장에 아담이 함께 있었다는 것을 발견합니다. 아담이 현장에 함께 있었다면, 이야기는 크게 달라집니다. 단순히 망을 보아준 게 아니라, 도둑질하러 남의 집에함께 들어간 것과 같기 때문입니다. 하와가 뱀으로부터 유혹받는 동안, 그리고 하와가 끝내 하나님의 명령을 거역하는 순간에도, 아담은 끝까지 침묵하고 범죄를 중지시키는데 아무런 영향도 미치지 못한 것입니다. 그래서 래리 크랩은 "아담이 이와 같이 하와와 함께 있었는데, 그는 왜 아무 말도 하지 않았을까"라는 의문을 제기합니다.

성경을 다시 잘 읽어보면, 하나님께서 선악과를 먹지 말라고 직접 명령하신 것은 아담에게였고, 그때는 하와가 창조되기 전이었습니다. 그러니까, 하나님의 명령을 직접 들어 잘 알고 있던 아담이야말로, 이를 지켜나갈 전적인 책임을 가지고 있었던 것입니다. 그런 아담이 왜 침묵을 지켰을까요?

세월이 조금씩 지나면서, 저야말로 이 아담과 꼭 같은 패러다임 속에서 살고 있음을 실감합니다.

말해야 할 때 침묵을 지키면서 살고 있는 겁니다.

자녀교육에 있어, 하나님과의 관계를 무시한 채 세상적 성공만을 향해 온 시간을 바치게 하는 교육방법이 잘못되었음을 알고는 있지만, 어떤 대안을 제시할 것인지 갈피를 잡지 못하는 무력감 속에서, 끝내 침묵을 지키는 크리스천 부모.

실질적인 횡령과 사기와 도둑질과 불법이 난무하는 직장 내외의 일에 연루되어 갈 때, 절대적 진리를 외면하면서 "세상은 그런 거야"라고 말하는 사람들에 대한 분노 속에서도, 끝내 침묵을 지키는 믿음의 사람.

물질만능의 가치관을 확신하는 사람들의 모임에서, 그들과의

내가 변화시킬 수 있는 것은 오직 나뿐

관계를 계속 유지하지 않으면 안 될 것 같은 두려움 때문에 그들의 잘못을 지적하지 못하고 끝내 침묵을 지키는 성도.

그 사람이 바로 저 자신이었습니다.


저는 분명히, 모든 사건과 일들을 하나님께서 주관하시리라고 믿습니다.

그리고 잠언을 통해 하나님께서 경고하신 것처럼, 크리스천은 입술을 통제하며 말하기를 조심해야 합니다.

말하기에 앞서, 하나님께 기도할 것과, 신앙을 행동으로 옮기는 것이 필요합니다.

그러나 그러한 믿음 가운데 "말해야 할 때 말해야 할 것을 말하는 것"도, 크리스천에게 맡겨진 중요한 역할 중의 하나입니다.

말해야 할 때 말해야 할 것을 말하는 것, 그것은 크리스천이 세상 속에서 소금과 빛 되는 방법 중의 하나일 것입니다.

# 탕자의 비유

탕자의 비유에 나오는 둘째 아들은 과연 용서받을 수 있는 사람이었을까 생각해봅니다.

둘째 아들은 가족의 노동력을 착취한 사람이었습니다. 그가 자기 몫의 유산을 미리 챙겨 집을 나갔기 때문에, 아버지와 큰 아들은 없어진 재산을 어떤 방법으로든 보충해야 했을 겁니다. 둘째 아들이 흥청망청 재산을 탕진하고 있던 그 많은 시간동안, 아버지와 큰 아들은 땀 흘리며 일해야 했습니다. 그러고 보면, 둘째 아들은 그 기간 동안 아버지와 형의 노동을 이용하여 자기의 쾌락을 취하고 있었습니다.

내가 변화시킬 수 있는 것은 오직 나뿐

더구나, 둘째 아들은 이기적인 사람이었습니다.

그는 자기의 잘못이 어디에 있는지를 잘 알지도 못하며, 잘못을 회개했다고 보기도 어렵습니다. 돈이 떨어졌으니, 돈 많은 아버지에게로 가서 얻어먹겠다고 생각했을 뿐입니다. 그것도, 아들로서 돌아가 아버지에게 잘못을 빌겠다는 것이 아니었습니다. 아버지와 아들의 인연은 무시하고, 다만 종으로서 취직해서 종이 받는 정도의 수입으로 살 수 있겠다고 판단한 것뿐입니다. 아버지를 고용주라고만 인식하고, 자기의 노동력에 대한 별도의 보수를 받으며 살겠다는 이기적 계산이었을지도 모릅니다. 둘째 아들로서는 보수를 받지 않고 일만 해야 하는 아들의 지위가 싫었을지도 모릅니다.

둘째 아들의 회개는 거짓일 수도 있었습니다. 그가 하나님과 아버지에게 죄를 지었노라고 말했지만, 그 정도의 말은 누구든지 다 합니다. 그렇게 이야기하고서도 정반대의 행동을 하는 사람이 얼마나 많던가요. 십중팔구, 둘째 아들의 고백은 거짓말이기 십상입니다. 죄를 지었다고 회개를 하는 사람이라면, 아버지의 발을 붙잡고 애걸을 해야지, 부자의 인연을 끊고 일꾼으로

탕자의 비유에 나오는 둘째 아들은
과연 용서받을 수 있는 사람이었을까 생각해봅니다.
인간의 사고로는 도저히 접근할 수 없는 종류의 사랑을 가지고
있는 하나님의 사람은 크고 아름다운 사랑이었습니다.
큰 아들로서는 도저히 느껴보기 어려운, 그런 마음 아닐까요.

일하겠다는 건 무슨 건방진 발상입니까? 이건 그의 회개가 거짓임을 보여주는 증거입니다.

그런데, 아버지가 문제입니다.

매일 문 밖에 나와 집을 나간 둘째 아들을 기다리던 아버지는, 마을 어귀에서 주춤거리며 남의 눈에 띄지 않게 다가오고 있는 비겁한 그림자가 바로 자기 아들의 모습임을 한눈에 알아보았습니다. 아버지는 알 수 있었습니다. 살금살금 조심스럽게 동네를 들어서는 아들의 몸짓을 통해 아버지는 벌써 아들의 마음 속 고백을 듣고 있었습니다.

'몹시 비참하게 된 상태구나. 그런 상태가 되었어도 집을 찾아오는 걸 보니, 자기 결정을 참으로 후회하고 있구나. 불쌍한 녀석.'

둘째가 집을 향해 오고 있다는 사실만으로, 아버지는 이미 둘째가 반가웠습니다. 아버지는 맨발로 아들을 향해 뛰어가기 시작합니다. 뛰어가면서 하인들에게 외칩니다.

"얘들아, 아들 환영잔치 벌이게 소 한 마리 잡아라."

둘째 아들이 무슨 짓을 했든, 무슨 생각으로 돌아왔든, 아버지에게는 아무 문제가 되지 않았습니다. 둘째 아들에 대한 "사랑"이 있었기 때문입니다. 과거 잘못된 행위에 대한 비판, 거짓말을 꿰뚫어보는 직관, 정의구현, 보복과 같은 복잡한 논리, 이성적 판단, 역사의식… 그런 것들마저 모두 제거된, 그저 "큰 사랑"이 있었기 때문입니다. 그런 사고로는 도저히 접근할 수 없는 종류의 사랑을 가지고 있었기 때문입니다. 돌아왔다는 사실 하나만으로 아들의 마음 밑바닥을 충분히 읽어내고 이를 기뻐할 수 있는, 크고 아름다운 사랑이었습니다.

그게 하나님 아버지의 마음이라고 생각합니다.

큰 아들로서는 도저히 느껴보기 어려운, 그런 마음 아닐까요.

내가 변화시킬 수 있는 것은 오직 나뿐

# 선한 사마리아인의 마음

예수님의 비유 말씀 중 가장 잘 알려진 것은 아마도 "선한 사마리아인의 비유"가 아닐까 싶습니다.

이 비유에서 가장 핵심이 되는 것은 "사마리아 사람이 그(강도 만난 사람)를 보고 불쌍히 여겼다(누가복음 10:33)"라는 부분이라고 생각합니다. 어려움을 당한 사람을 보고 "불쌍히 여기는 마음"을 가지고 있었다는 것이 이 비유의 가장 중요한 내용이기 때문입니다.

불쌍하게 여긴다는 의미의 "splagknizomai"라는 헬라어 단어는 원래 "제물의 내장"에서 파생된 말이라고 합니다. 그것은 내장을 뜯기는 것 같은 고통을 함께 느낀다는 의미를 가집니다.

동족이었던 유대인들로부터 짐승보다 못한 취급을 통해 멸시받을 때마다, 사마리아인은 내장이 끊어지는 모멸의 고통을 겪었을 것입니다. 그래서 사마리아인이 강도 만나 길에서 죽어가는 사람을 보았을 때, 자기가 겪은 수많은 지난날의 고통들이 떠올랐을 것입니다. 직접 겪은 고통들이 그를 더 성숙하게 하고, 더 나아가 이웃을 사랑할 수 있는 마음의 깊이와 넓이를 만들어낸 것입니다.

다른 사람에게 어려움이 닥친 것을 볼 때, 우리의 마음에 생기는 본능적인 반응은 바로 "관음증적인 향락", 즉 내가 그 고통을 겪지 않는 것을 다행이라고 생각하는 것이라 합니다. 타인의 고통에 대한 우리의 본능적인 반응은 사실 기본적으로는 즐거움이라는 겁니다.

저도 마찬가지였습니다.

병원에서 힘들어 하는 사람들을 문병하거나 기도할 때조차도, 그렇게까지 "불쌍히 여기는" 고통을 느끼지 못했습니다. 그들을 찾아가고 위로할 때마다, 내가 남들에게 어떻게 보일까 하는 것만이 중요했습니다. 때로는, "나는 참 다행이다"라거나,

"결국 받을 만한 것을 받았다"라는 생각을 한 적도 있습니다.

그런 태도를 뉘우친 것은 여러 해 전 제 아내가 유방암에 걸렸을 때였습니다. 그렇게 부부가 함께 고통받은 일을 직접 겪고서야 비로소, 어려움에 처한 사람들의 고통을 조금이나마 함께 느낄 줄 알게 된 것 같습니다.

고통은 힘든 것이지만, 그 고통은 우리 자신을 성숙하게 하고, 마음을 깊고 넓게 만드는 기회가 되는가 봅니다. 그런 고통을 겪어보면, 남의 고통을 보고 불쌍히 여기는 마음이 조금 더 생기게 되는 것 같습니다.

그 후부터, 어려움에 처한 사람들이 주변에 있으면, 그들이 처한 상황에 대해서 오랫동안 생각하게 되었습니다. 그리고 그들의 마음을 내 고통처럼 느껴보면서, 그들을 위해 하나님께 기도하고, 그들을 위해 내가 할 수 있는 일을 하는 것을 연습해야겠다고 다짐해 봅니다.

그런 오랜 연습이 하나하나 쌓여가다 보면, 언젠가 저도 선한 사마리아인과 같은 마음을 조금은 가지게 되리라 믿습니다.

# 제노비스 신드롬

1964년 3월 13일 밤, 미국 뉴욕에서 일어난 일입니다.

키티 제노비스라는 20대 여성이 야근을 마치고 귀가하던 중이었는데, 정신이상자가 나타나, 주택가 길 한가운데서 이 여성을 칼로 찌르기 시작했습니다.

그때, 자기 집 창가에서 이 현장을 지켜본 사람은 모두 38명이었습니다.

정신이상자의 살인행위는 35분간이나 계속되었지만, 그 35분 동안, 38명의 목격자 중 한 명 밖에 나와서 이를 말리거나 경찰에 신고하지 않았습니다.

키티 제노비스는 그 현장에서 피를 흘리며 죽었습니다.

내가 변화시킬 수 있는 것은 오직 나뿐

이 38명의 방관자들의 기이한 행동이 뉴욕타임스를 통해 알려지면서, 전 미국이 흥분했습니다.

이 사건을 놓고 심리학자들이 연구하고 실험한 결과, 새로운 사실을 발견했습니다.

누군가 피해를 당하고 있는 현장에서는, 주위에 사람이 많을수록 '나 말고 누군가가 돕겠지' 하면서, 직접 이를 도우려고 나서는 사람이 없다는 것입니다.

목격자가 많을수록, 책임감이 서로 분산되고, 개인이 느끼는 책임감은 그만큼 적어져서, 도와주려는 행동에 옮기지 않게 된다는 것입니다.

이 같은 현상을 '제노비스 신드롬' 혹은 '방관자 효과'라고 합니다.


지구상에 인구가 많아지면서, 우리는 제노비스 신드롬이라는 우리의 본성에 점점 더 깊이 길들여져 가고 있습니다.

내가 아니라도 누군가 돕겠지.

군중 속에 숨어서, 방관자가 되어서, 이웃 사랑을 회피하는 것, 그것이 우리들 누구나에게 들어있는 본성입니다.

사마리아인의 비유 속에서, 강도 만난 사람을 피하여 지나간 제사장이나 레위인은 이와 같은 방관자였습니다.

많은 순간에, 우리 크리스천과 교회도 세상의 고통받는 이웃에 대해 방관자로 머물러 있었던 것 아닐까 생각해봅니다.

말씀만을 사모하고, 하나님을 사랑하는 데 치우쳐서, 정작 이웃을 사랑하는 데 소홀하지 않았던가요.

이웃을 사랑하라는 성경말씀에 대해 "내 이웃은 누구인가요"라고 질문한 사람이 있었습니다.

예수님의 선한 사마리아인의 비유 이야기는 이 사람에게 들려준 이야기였습니다.

이 비유 이야기의 결론으로 말씀하신 것은 이겁니다.

"가서, (사마리아인처럼) 너도 이와 같이 하라"

_ 요한복음 10:37

누가 내 이웃이냐고 묻는 것은 탁상 위에서나 할 일이다. 말만 하지 말고, 실제로 누군가의 이웃이 되어 주어야 한다.

이제는 이웃의 고통을 내 고통처럼 느끼는 마음을 가져야 한

내가 변화시킬 수 있는 것은 오직 나뿐

다. 이제는 이웃에게로 가서 우리의 사랑을 행동으로 나타내야 한다.

이런 말씀입니다.


제노비스 신드롬을 깨고, 강도 만난 사람의 옆으로 다가가야겠다고 다짐합니다.

그 누군가의 어려움을 도와주고, 치료와 휴식을 위해 내 땀과 내 돈을 바치는 일들을 찾아보아야 되겠습니다.

그런데, 아아… 어쩌나요. 이것도 모두, 그저 생각에 불과한 것을요….

6

# 모든 사람들이
# 기도하는 집

# 헌금

대학시절에 교내 공모전에서 상금을 받은 적이 있습니다.

대학의 상징이 뚜렷한 다른 대학교처럼, 우리 대학교에도 대학의 상징이 있으면 좋겠다는 의견에 따라 열린 공모전이었습니다. 심사위원들은 응모작 중에서 우수상을 정해 대학의 상징을 결정하는 것은 보류하고, 가작만 하나 뽑았습니다. 응모자의 수효가 예상보다 적었기 때문이라고 합니다. 그 때 가작으로 당선된 것이 제 응모작이었는데, 학교에서는 애당초 우수상 응모자에게 주기로 계획되었던 상금 20만 원을 제게 주었습니다.

사실, 그 공모전에 응모한 것은 상금 때문이었습니다. 당시 출석하던 교회에 건축헌금을 내고 싶을 때였는데, 마침 그 공모전이 열린 겁니다. 그런데, 결과적으로는 마치 제게 상금을 주기 위한 목적만으로 공모전이 열린 것 같았습니다.

받은 상금 전부를 헌금으로 바쳤습니다. 당시 한 학기 등록금이 9만 원 정도였던 것을 감안하면 저 같은 가난뱅이에게는 꽤나 큰돈이었습니다. 하지만, 저는 별로 망설일 필요가 없었습니다. 헌금만을 위해 응모한 것이었던 데다가, 나름대로의 헌신을 위한 순수한 믿음으로 시작한 것이었기 때문에, 달리 고민할 이유가 없었습니다.

몇 달이 지나 교회 건물이 완공되었습니다. 유명한 건축가에게 설계를 맡겨서 지었다는데, 그만큼 교회의 건물 외관은 예술적이고 특이했습니다. 하지만, 사실 제 맘속으로는 실망이었습니다. 제가 낸 헌금이 그렇게 특이하고 멋진 외관을 가진 교회 건축에 사용되리라고 생각하지 않았기 때문입니다. 가난한 가정에서 살면서도 그런 헌금을 한 것은, 교회도 내가 속한 가난한 집처럼 건축에 최소한의 비용을 들이고, 실질적인 기능을 중시하기를 원했기 때문입니다. 저는 뾰족탑이나 십자가 등 아

내가 변화시킬 수 있는 것은 오직 나뿐

무 상징물도 없고 심지어 교회 간판조차 붙어있지 않은, 공장처럼 멋대가리 없는 교회건물을 꿈꾸곤 했습니다. 하나님은 그런 교회에서 더 편안해 하실 것 같다는 생각이 들기 때문입니다.

그러나 새로 건축된 그 멋진 교회건물에서 예배를 드리던 첫날, 저는 예배를 드리는 시간 내내 제 머리에 눈부시게 밝은 빛이 비추이는 것 같은 경험을 했습니다.

그리고 하나님께서 "교회건물의 외관을 가지고 실망하지 말아라. 네 헌금은 내가 받았다. 그게 중요하지 않니"라고 제게 속삭이시는 것 같았습니다.

지금도 그 교회 앞을 지날 때마다 그때 생각이 납니다.

그 후 저는 그 교회를 떠났고, 그 교회는 점점 제가 생각했던 것과는 다른 방향의 신앙을 지향해갔지만, 그래도 저는 계속 뿌듯합니다.

저는 그 교회를 위해 헌금한 게 아니고, 제 이름을 위해 한 것도 아니었습니다. 하나님의 이름을 위해 바친 것이었고, 하나님께서 받으셨다고 믿기 때문입니다. 그래서 건물의 외관이 어쨌든, 그 교회가 어떻게 변해갔든, 제게는 아무런 상관이 없습니다.

저의 헌금 사건은 그렇게 하나님과 저와의 소중한 비밀로 간직되었습니다.

제가 지금까지 분에 넘치도록 많은 복을 받고 살아온 것도, 사실은 그런 비밀과 관련이 있지 않을까 생각해봅니다.

내가 변화시킬 수 있는 것은 오직 나뿐

# 스님들의 윷놀이

**법정스님의 글에서, 이런 이야기를 읽었습니다.**

설 무렵 등잔불 밑에서 스님들이 윷놀이를 하는 것을 본 어느
노스님의 말씀이었다.

"시주가 이 산중에 기름을 올려 보낼 때는, 그 등불 아래서 부
지런히 정진해서 중생을 교화해달라는 간절한 소원에서일 것
이오. 그런데 그 시주의 등불 아래서 윷판을 벌이다니 말이
됩니까."

**언젠가 연말 무렵, 제가 다니던 대형교회의 어느 여집사님이**

하시던 이야기가 아직도 기억납니다.

"우리 위원회에 책정된 예산은 어떻게든 이번 연말 내에 다 써버려야 해요. 그래야 내년 예산이 깎이지 않지요."

그래서 그들은 "내년 예산이 깎이는 것을 방지하기 위해" 고급 고깃집에서 푸짐한 상을 앞에 놓고 송년회를 가졌습니다.

연말이 되면 정부기관이나 회사부처에서 흔히 볼 수 있는 그런 광경이, 교회에서도 벌어지고 있었습니다. 배가 불러 다 먹지 못하고 남긴 고기 조각들 중의 일부는, 어쩌면 어느 가난한 노부부가 오랜 절약 끝에 낸 헌금으로 지불된 것이었을지도 모릅니다.


헌금의 사용에 대해 과연 신중하고 심각하게 생각하고 있는지, 성가대, 남녀선교회, 기타 각종 모임을 가지면서 필요 이상으로 잘 먹고 즐기는 것에 그 귀중한 헌금을 허투루 사용하는 일은 없는지, 등잔불 밑에서 벌어진 스님의 윷놀이를 떠올리면서, 다시 한 번 생각해봅니다.

내가 변화시킬 수 있는 것은 오직 나뿐

# 그물 고치기

조선시대 숙종 때 우의정을 지낸 문신으로 이건명이라는 분이 있습니다. 이건명은 정쟁에 휘말려서 귀양살이를 하게 되었는데, 귀양살이 하던 중에 〈보망설그물 손질 이야기〉이라는 글을 썼습니다. 그 글에 있는 이야기의 내용은 대충 이렇습니다.

그가 살던 곳에 정씨 성을 가진 노비가 있었다. 정군이라고 불리운 그 노비는 날마다 고기를 잡아 밥상에 올렸는데, 그의 그물은 잘 손질해서 언제나 새 그물 같았다. 어느 날 이건명이 정군에게 그물 손질의 비결을 물어보았다. 그러자 정군은 자신이 그물을 손질하는 방법을 이렇게 설명했다.

사람을 바로 잡는 것이란, 그물을 손질하듯이 하는 것이라고 생각합니다.
그 사람이 잘못을 저지른 환경과 배경을 잘 펼쳐놓고서 그 사람을 이해한 후,
그가 회복될 수 있는 가장 좋은 방법을 하나하나 찾아낸 후에,
그 방법을 행동으로 옮기는 것입니다.

"저는 망가진 그물을 가지고 돌아와서 바다에다 펼쳐놓고 해어진 부분을 자세히 살펴봅니다. 조바심 내거나 신경질 부리지 않고 끈기를 가지고 부지런히 수선을 합니다. 제일 먼저 벼리를 손질하고, 그다음 코를 손질합니다. 끊긴 벼리는 잇고, 터진 코는 깁는데, 며칠 안 돼서 새 그물같이 됩니다."

정군은 그렇게 설명한 후 자기 생각을 덧붙였다.

"다른 사람들은 이런 그물 손질을 위해서도 그렇게까지 깊이 생각하고 부지런히 노력해야 한다는 것을 모릅니다."

그물 손질을 위해서도 깊은 생각과 부지런한 노력이 필요하다는 노비의 말을 되새기다가, 문득 이 성경말씀이 떠올랐습니다.

형제들아 사람이 만일 무슨 범죄한 일이 드러나거든
신령한 너희는 온유한 심령으로 그러한 자를 바로잡고
너 자신을 살펴보아 너도 시험을 받을까 두려워하라

_ 갈라디아서 6:1

누군가가 잘못을 저질렀을 때 그 사람을 바로잡는 방법에 관한 말씀입니다.

여기서 "바로잡다"로 번역된 헬라어 "katartizo"라는 말의 어원은 원래 "그물을 수선한다"는 데서 유래되었다고 합니다.

이건명의 노비가 대답한 것처럼, 잘못을 저지른 사람을 바로잡는다는 것도 그렇게 그물을 수선하는 것처럼 충분한 생각과 많은 노력을 필요로 하는 행위인 것 같습니다.

사람을 바로 잡는 것이란, 그물을 손질하듯이 하는 것이라고 생각합니다.

그 사람이 잘못을 저지른 환경과 배경을 잘 펼쳐놓고서 그 사람을 이해한 후, 그가 회복될 수 있는 가장 좋은 방법을 하나하나 찾아낸 후에, 그 방법을 행동으로 옮기는 것입니다.

한번으로 안 되면, 또 다시, 또 다시, 끈기 있게 부지런히 노력하는 것입니다. 세월이 걸릴 수도 있지만, 포기하지 않는 것입니다.

매우 귀찮은 일이지만, 한 걸음씩 계속해서 해나가는 것입니다. 한 순간의 말 한마디로 끝낼 수 있는 게 아닙니다. 양심과 죄책감을 자극하는 몇 마디의 말로 해결되는 것이 아닙니다. 그물을 수선하는 것처럼, 깊은 생각과 부지런한 노력이, 그런 정성이 필요한 것입니다.

그 사람이 잘못한 과거의 일을 시정하는 게 목적이 아니라, 그가 과거에 잘못한 원인을 치료해서 다음부터 그런 잘못을 저지르지 않도록, 우리가 그를 도와주는 게 목적이기 때문입니다.

누군가의 잘못을 바로잡아 주는 것도 역시 쉬운 일은 아니군요.

그것도, "온유한 마음"으로 시작하고, 또 한편으로는 "나 자신을 살펴보는 것"까지 해야 한다니 말입니다.

잘못을 저지른 사람을 바로 잡으려고 노력해 본 일도 없이, 그 사람을 쉽게 정죄하고 비난했던 저의 잘못된 습관을 돌이켜 봅니다.

# 신앙적 경계인

어느 철학자가 자기 자신을 "경계인"이라고 하면서, '좁은 수평대 위에 서 있는 체조선수'에 비유한 일이 있습니다. 그는 남한과 북한, 한국과 독일, 내부자와 외부자 어떤 입장에도 속하지 못하고 경계선 위에서 해매고 있는 자신의 위치를 그렇게 표현했습니다.

꽤 많은 기독교인들도 그런 "경계인"으로 살아가고 있는 것 같습니다.

그들은 이렇게 믿습니다.

그들은 과유불급 過猶不及 이라는 유교적 중용의 진리를 고수하

내가 변화시킬 수 있는 것은 오직 나뿐

면서, 그리스도에 대한 전적인 헌신에 대해 회의를 품습니다. 신앙생활을 하더라도 적당히 해야 합니다.

그들은 특별한 사정이 없는 한 "가급적" 주일날 예배에 참석하되, 결코 많지는 않지만 인색하다고 비난받지 않을 만한 금액의 헌금을 내는 것으로 교회의 봉사를 대신합니다. 사역자나 교인들과의 관계는 "불가근불가원의 원칙" 아래 가깝지도 멀지도 않게 유지합니다. 헌금이나 봉사를 피할 수 없도록 유도하는 교회는 미련 없이 떠납니다.


그들이 선택하는 교회는 도덕기준에 있어 너무 엄격한 것을 요구하지 말아야 합니다. 비기독교인들과 적절히 섞여 사회생활을 하기 위하여 불가피한 상습음주, 관례화된 뇌물 또는 일회성 간음과 같은 가벼운 죄를 짓는 것은 용납되어야 합니다. 진리 안에서 자유케 하리라는 말씀은 그럴 때 써먹는 말로 이해합니다.

어려움에 빠졌을 때에는 세상에서 구축해 놓은 네트워크와 보험 등이 있으니 내 힘으로 대부분 잘 해결할 수 있습니다. 하지만, 혹시라도 그것만으로 해결되지 않는 희귀한 경우에는 하나님께 도움을 요청할 수 있도록 하나님과의 관계를 적절히 유지해 놓을 필요가 있습니다. 그들에게 있어 믿음이란 사람의 힘으로는 해결될 수 없는 게 뭔가 있긴 있다고 생각하는 것을 말합니다. 때문에, 사주궁합을 본다든가 윤회설을 믿는 것도 믿음의 일부로 인정되어야 합니다.

기독교는 그들의 문화적 장식물입니다. 이력서 종교란에 "기독교"라고 채워 넣을 수 있는 것은 뭔가 있어 보이는 일이고, 목에다가 반짝이는 십자가 금목걸이를 걸 수 있는 것은 덤입니다.

그렇게 어정쩡한 생각으로 교회에 드나드는, 그래서 교회와 세상의 어떤 곳에도 속하지 못하고 경계선 위에서 헤매고 있는, 그들의 아이덴티티는 "신앙적 경계인"입니다.

그런 신앙적 경계인들에게, 주님은 이렇게 말씀하셨습니다.

"나는 네 행위를 알고 있다. 네가 차지도 않고 덥지도 않으니, 차든지 덥든지 어느 한쪽이 되어라. 네가 미지근하여 어느 쪽도 아니니, 내가 너를 내 입에서 뱉어 내겠다."

_ 요한계시록 3:15~16

내가 변화시킬 수 있는 것은 오직 나뿐

무슨 어려운 일이 생기기만 하면 신앙적 경계인으로 돌변하려고 하는 저의 약한 모습을 돌아보며, 늘 기도합니다.

하나님, 저를 불쌍히 여겨주십시오.

내가 변화시킬 수 있는 것은
오직 나뿐

**초판 1쇄 인쇄** _ 2019년 8월 5일
**초판 1쇄 발행** _ 2019년 8월 15일

**지은이** _ 최형구

**펴낸곳** _ 바이북스
**펴낸이** _ 윤옥초
**책임 편집** _ 김태윤
**책임 디자인** _ 이민영

ISBN _ 979-11-5877-113-3 03230

**등록** _ 2005. 7. 12 | 제 313-2005-000148호

서울시 영등포구 선유로49길 23 아이에스비즈타워2차 1005호
**편집** 02)333-0812 | **마케팅** 02)333-9918 | **팩스** 02)333-9960
**이메일** postmaster@bybooks.co.kr
**홈페이지** www.bybooks.co.kr

**책값은 뒤표지에 있습니다.**
**책으로 아름다운 세상을 만듭니다. ㅡ바이북스**

* 바이북스 플러스는 기독교 신앙의 본질을 담아내려는 글을 선별하여 출판하는 브랜드입니다.